大国种子

杨采怡　邓慧超◎编著

只有攥紧中国种子
才能端稳中国饭碗

光明日报出版社

图书在版编目（CIP）数据

大国种子 / 杨采怡，邓慧超编著. -- 北京：光明日报出版社，2022.7

ISBN 978-7-5194-6690-9

Ⅰ. ①大… Ⅱ. ①杨… ②邓… Ⅲ. ①种子—农业产业—研究—中国 Ⅳ. ①F326.1

中国版本图书馆CIP数据核字(2022)第105848号

大国种子

DAGUO ZHONGZI

编　　著：杨采怡　邓慧超

责任编辑：曲建文　舒　心　　　　责任校对：傅泉泽

封面设计：王　艳　　　　　　　　责任印制：曹　诤

出版发行：光明日报出版社

地　　址：北京市西城区永安路106号，100050

电　　话：010-63169890（咨询），010-63131930（邮购）

传　　真：010-63131930

网　　址：http://book.gmw.cn

E－mail：gmrbcbs@gmw.cn

法律顾问：北京市兰台律师事务所龚柳方律师

印　　刷：北京紫瑞利印刷有限公司

装　　订：北京紫瑞利印刷有限公司

本书如有破损、缺页、装订错误，请与本社联系调换，电话：010-63131930

开　　本：170mm×240mm　　　　印　　张：16.25

字　　数：230千字　　　　　　　插　　图：92幅

版　　次：2022年7月第1版

印　　次：2022年7月第1次印刷

书　　号：ISBN 978-7-5194-6690-9

定　　价：59.00元

序 言

大自然是神奇的，而种子尤其神奇。

“春种一粒粟，秋收万颗子”，这人人耳熟能详的古代诗句，如此简单，却将古代艰苦的农业劳作描述成了田园美景，内部则隐喻着造物主的神奇。

这是一本讲述大国种子故事的图书。一粒种子，看起来如此简单。然而“春种一粒粟”，经历数月的风吹日晒雨淋，却能“秋收万颗子”；一粒小小的树种，经过数年数十年的岁月磨砺，却能变成参天大树；通过种子，千万年前的植物，到现在还能延续后代，郁郁葱葱；种子又是万物的精华，喂养了动物，人类也赖以生存。

农民播种和收获种子，人们食用和谈论种子，饥饿的人盼望和索取种子。种子的那些故事，常常和生命息息相关，在严肃的意义上攸关人类的生存。本书共分“种子世界”“常见种子的驯化历程”“种子的战争从未停歇”“粮安天下，种子为先”“人民的功臣”五部分。

“种子世界”部分主要介绍种子文化，描述有趣的种子。我们生活在一个充满种子的世界，种子占领了田地，占领了阳台，超越了森林与原野，遍布了人类历史与生活的各个角落。

“常见种子的驯化历程”部分，主要阐述我国的粮食生产，在几千年漫长的历史长河中，伴随着种子的选择和培育而发生了巨大的变化。回顾这一变化，可以从另一个角度了解我国的悠久文明，并从先人的智慧中得到启迪。今天，在自然界里大约有30多万种植物，其中有2500多种为人类所食用，有150多种被驯化和栽培利用。我们经常食用的那些主要农作物，它们的种子的起源，都有一些鲜为人知的故事。

“种子的战争从未停歇”部分，主要讲述古今种子战争。从本部分故事中，读者可以看出，为了控制粮食，人类历史上的战争就没有停止过。

“粮安天下，种子为先”部分主要梳理我国种子发展的历程与辉煌成就，介绍中华人民共和国成立以来我国种子行业经历了一次又一次的变革，从无到有，用占世界5%的耕地，养活了占世界20%的人口，成就辉煌。

“人民的功臣”部分主要介绍中华人民共和国成立以来，在农业农村工作中涌现出一大批无私奉献、不懈追求、投身种业改革与发展的代表人物。他们为保障国家粮食安全、推动民族种业发展做出了重要贡献，他们是和平年代的英雄，是人民的功臣。他们辛苦研发的一粒种子，可以造福万千苍生。

不吃饭就不能生存，悠悠万事，吃饭为大。我们中国是大国，从古老的年代到新中国成立，粮食问题向来是大问题。而种业则向来是建设现代农业的标志性、先导性工程，是国家战略性、基础性核心产业。

2022年4月10日，习近平总书记在海南省三亚市崖州湾种子实验室考察调研时强调，种子是我国粮食安全的关键。只有用自己的手攥紧中国种子，才能端稳中国饭碗，才能实现粮食安全。种源要做到自主可控，种业科技就要自立自强。这是一件具有战略意义的大事。要弘扬袁隆平等老一辈科技工作者的精神，十年磨一剑，久久为功，把这件大事抓好。

编者

2022年7月1日

目录

序言

人民的功臣 /181

后 记 /251

种子世界

我们生活在一个充满种子的世界，种子占领了田地，占领了阳台，超越了森林与原野，遍布了人类历史与生活的各个角落。

有趣的种子

种子与人类生活关系密切，除日常生活必需的粮、油、棉外，一些药用（如杏仁）、调味（如胡椒）、饮料（如咖啡）等植物都来自种子。蔬菜、大树、花草也大多是种子繁殖而来。许多种子能食用，是餐桌上的美味佳肴。

形态各异

就如花朵百花齐放，争奇斗艳一样，种子的形态也各有特点。种子与果实细看上去都分外有趣，令人不得不感叹大自然是如此神奇。

种子的形态特征包括种子的外形、大小、色彩以及表面的光洁度、沟、棱、毛刺、网纹、蜡质、突起物等，它们也是鉴别种子种类、品质和种子新陈的重要依据。

种子通常呈圆形、椭圆形、肾形、卵形、圆锥形、多角形等。

有长着钩刺的，有长着小瘤的，有表面光滑发亮的，有生着翅膀状茸毛的，有镶着花纹的。

种子之间也有"亲缘关系"，近亲的种子自然差异较小。例如，甘蓝类中的白菜和甘蓝的种子，其形状大小、色泽均相近，但白菜种子球面上有单沟，甘蓝种子球面上有双沟。

成熟的种子饱满，色泽较深，具有蜡质；幼嫩的种子色泽浅、皱瘪。新种子色泽鲜艳，具有香味；陈种子则色泽灰暗，甚至有霉味。种子的形状、颜色、斑纹、沟棱等在遗传上是相

当稳定的性状，而种子的大小很容易变化。

从大小来看，大的种子直径甚至可达 50 厘米，重 15 千克，那是复椰子树的种子；小的种子如尘埃，1000 万粒加起来只有 5 克重，如斑叶兰的种子。

种子的大小可用千粒重或 1 克种子的粒数来表示。同一种种子，其大小与营养物质的含量有关，对种子的发芽成长有重要的作用。种子的大小还关系到播种技术、播种质量、播种后出苗的难易，以及幼苗生长发育的速度。饱满的新种子，在适宜的条件下，更容易发芽且生长良好。

奇异的生命力

从单株植物产生的种子数目来看，有些植物的种子很少，每株只有几粒，而有的却成千上万，如一株画眉草，能结出 1.5 万粒种子；一株孤尾草，能结出 8 万粒种子。

并不是所有的种子都能生根发芽。种子也有寿命，放置时间太长会丧失生命力，当然，这和放置的环境有关。在自然条件下，沙漠中梭梭树的种子只能活几小时；有的种子可以存活数千年以至上万年。如日本考古学家在 1972 年宣布一批 4000 年前的种子已经发芽。这批种子是在一座古墓中发现的，种子的年代是根据古墓中的泥土成分来判断的。在我国河南发现有两颗古莲子的寿命为 500 年。

在东北发现的被鉴定为狗尾草的种子，竟然经历了1万年的岁月，且经培育后仍能开花结果。为什么种子会有如此持久的生命力？经研究认为，这些种子表面有一层坚韧的表皮，使外界水分、空气、细菌均无法侵入。

有的种子还耐干旱、耐瘠薄，可在砂粒中、尘土中或石隙、崖缝、峭壁、瓦楞间生长。苏州有座北寺塔高达70多米，共9层，号称“江南第一高塔”，但在塔顶竟长有10多棵树木，其中有构树、泡桐树、海茎茄树等。它们耐干旱、耐风力、耐贫瘠能力都很强。由于这些树随风吹动而摇摇晃晃，危及古塔安全，所以人们只好爬上塔顶将它们挖掉。

种子也是“运动员”

一般粮食作物的种子沉甸甸的，那是人类对它们选择和培育的结果。它们成熟后不太“爱动”，胖胖的身体仿佛在等着人类去收获它。但在大自然中，很多种子却有惊人的“运动能力”，它们一点儿也不用自己费力气，就能周游世界甚至漂洋过海。

就像孩子要独立成人，多半要远离父母一样，种子借助风、水与小动物的力量，从成熟的那一刻起，就开始了它们的迁徙。很多种子的形态构造，就是为了方便漂移，从而远离母株，减少同类物种之间的竞争，并争取更多的阳光、空气与生长空间。

不同于一般“胖嘟嘟”的农作物种子，很多野生植物的种子小又轻，这种构造正是为了让它们有可能去别的地方“安家落户”。许多植物种子的运动传播方式十分奇特，各有各的专长。有的可以借助风力飞翔甚至飞渡江河湖海，有的可以借助水力漂至海岛上；有的可以借助会飞的昆虫或鸟儿被带到高达数十米的塔顶、屋脊上。种种神奇，引人遐想，不得不让人赞叹造物主的“多才多艺”。

枫杨树的果实有两个尖尖的小翅膀，据说J. K. 罗琳就是看到这种果实，才灵机一动，设计了《哈利·波特》中魁地奇比赛中一球制胜的金色飞贼。

槭树的种子也带着小翅膀，不过更透明、更轻，就像救生圈一样，保证一旦种子落在水里不会下沉，可以被水流带到远处冲上岸。

蒲公英的种子长有绒毛，形成宛如小小降落伞一样的圆绒球。经风吹动，种子飘飘扬扬地飞到各处，若条件合适，便可萌芽生长。

烟草的果实绝对是广种薄收的典范，一捏碎，会撒出来上千粒针尖大的微细种子，像一蓬轻飘飘的黑色烟尘，可以随风飘到很远；落到水里，会散发微妙的气味，让鱼儿避之不及。

蓖麻的种子有漂亮的暗花，而且顶部油油的，是为了吸引鸟雀吃下它；没消化的蓖麻种子被鸟雀排出后，表面有小挫伤，更容易发芽，长出蓖麻的植株。

除了微风一吹满天飞的种子之外，一些种子还有各自的运动特长。

会爬——风露草的种子长着长芒，芒端有小钩，随着长芒的一伸一缩，种子可在地面匍匐着向前爬。

会跳——墨西哥西北部山坡峡谷中，生长着一种“跳豆”，有如松子一般的形状与色彩。若将它放在手上或桌上，它会微微跳动；若把它放在太阳晒热的地上，它能跳至几厘米高，且跳个不停。原因是豆中寄生虫的幼虫用腹足抓住坚果的内壁，向上躬起身子，使豆子往上移动之故。

会滚——美国西部草原上有一种滚草，当其成熟时，经风吹刮，整个植株连根拔起，风把它卷成球状，并带它在地上或低空打滚。它能随风滚上几千米，在滚动中碰撞到障碍物时，便散落一些种子。这样，它一路滚，一路散播着种子。

会钻——我国新疆和中亚、西亚等干旱草原上有一种草，它的果实上连着一根螺旋形的柄，柄后拖着一条毛状尾巴。当它随风飘落在地上时，果实便一头钻进泥土中，长尾巴也随即脱落。

会翻——一种叫长生草的植物，有着绿色的“莲座”。当新茎上长出小“莲座”时，它们就分开了。小莲座受到风吹雨打或碰撞而落地时，难免有底部朝天而不能扎根繁殖的时候。这时它便慢慢地自动翻转身体让根着地，这样，它就可以扎根进土中了。

会漂——许多植物是靠水来散播种子的，它们的种子随河流、山洪、海潮漂游到四处。睡莲便是典型的一例，其海绵质的浆果结构奇特，浆果中装着许多种子，每粒种子外面包着一个充满空气的袋。浆果成熟后，许多种子浮在水上漂游，随着袋内空气逐渐消失，种子便下沉。第二年春天，新的睡莲就长出来了。

会射——非洲北部与欧洲南部生长着一种喷瓜，当它成熟时，只要轻轻一碰，里面的种子就会像连珠炮一样喷射出来，射程可达 6 米。更为奇特的是美洲热带沼泽的木犀草，果实成熟时，它能自己开裂，像手枪一样发出射击声，射程可达 14 米。

会弹——凤仙花纺锤形的蒴果成熟时，只要轻轻一碰，或经风一吹，里面的许多种子便急不可待地弹射出来。此外，诸如绿豆、豌豆、大豆、芝麻、油菜等荚果成熟时，也会突然炸裂，发出声响，迅速地将种子弹向四周。

会黏——有些植物的种子长着丛毛或钩刺，人或动物接触到它时，它便很快黏附在动物或人的四肢、腹毛、尾巴或衣服上，被带到四面八方去。如车前草，自从欧洲人到达美洲后，车前草就在美洲落户，印第安人说这种草是“跟着白人的屁股进入美洲的”。此外，如苍耳、蒺藜、鬼叶草、龙芽草、牛膝、大牛蒡等的种子，都会黏附在动物或人的身体上周游四方。

一粒种子的小世界

种子有适于传播或适应不良环境的结构，为植物的种族延续创造了良好的条件。所以在植物的系统发育过程中，种子植物能够代替蕨类植物取得优势地位。我们不妨从植物学的角度仔细了解一下种子。

从植物学的角度看种子

种子植物，别名显花植物，分布于世界各地，是植物界最高等的类群。所有的种子植物都有两个基本特征，就是体内有维管组织——韧皮部和木质部，能产生种子并通过种子繁殖。

种子植物可分为裸子植物和被子植物。裸子植物的种子裸露着，其外层没有果皮包被；被子植物的种子外层有果皮包被。

种子作为种子植物特有的器官，主要功能是繁殖，即发芽长出新的植物。并不是所有的植物都有种子。

在植物学上，植物按照有种子和没种子，分为种子植物和孢子植物。孢子植物没有种子，靠孢子繁殖，如藻类、苔藓类、蕨类等。种子植物根据种子外有无果皮包被，分为被子植物（如桃树、杏树等）和裸子植物（如松树、杉树、柏树、银杏树、铁树等）。

据估计，地球上的高等植物种数应该有 30 万~35 万种，其中包括苔藓 1.6 万种、蕨类植物 1.3 万种、裸子植物 1000 多种、被子植物 26 万种。目前已经发现并记录的植物种类大

约 30 万种，这一切都应该归功于广大的植物分类学者和植物资源学者。在现有的植物中，可以为人类食用的植物种类超过了 5 万种，但是实际上人类日常食用的植物种类不到 200 种，其中大约有 20 种主要农作物维系着人类的粮食安全。

种子的结构

种子由植物体中的胚珠经过传粉受精而发育形成。种子一般由种皮、胚和胚乳三部分组成，有的植物成熟的种子只有种皮和胚两部分。种皮是把种子内部组织与外界隔离开来的保护结构。种子的形成使幼小的孢子体胚珠得到母体的保护，并像哺乳动物的胎儿那样得到充足的养料。

种子的种皮是由珠被形成的，属于果实的种子，所谓的“种皮”主要是由子房壁所形成的果皮，而真正的种皮在发育过程中成为薄膜，或受挤压而破碎，黏附于果皮的内壁而与果皮成为一体。

种皮的细胞组成和结构，是鉴别种子与变种的重要特征之一，也决定了发芽或育苗过程中种子吸水的速度。

稻谷和玉米种皮容易透水，而且玉米的脂肪含量高，容易酸败，使种子不耐储存。蔬菜中种皮容易透水的有十字花科、豆科蔬菜及番茄、黄瓜等的种子。

小麦种皮蛋白质含量较高，不容易透水，因而耐储存，可以储存较长的时间。蔬菜中透水较困难的有伞形科蔬菜、茄子、辣椒、冬瓜、苦瓜、葱、菠菜等的种子。

胚由胚芽、胚轴、胚根和子叶组成。胚芽又称上胚轴，位于胚轴的上端，是地上部分叶和茎的原始体；胚轴连接胚芽和胚根，位于子叶的生长点以下，又称下胚轴。胚根是地下部分初生根的原始体；子叶是种胚的幼叶，能储存营养物质。双子叶植物的子叶还起着保护胚芽的作用（根据子叶的数量将植物分为单子叶植物、双子叶植物和裸子植物三大类）。

种子分为有胚乳种子及无胚乳种子两类。有胚乳的种子，胚乳发达，胚较小，种子的营养物质大部分贮藏在胚乳中。常见的稻谷、小麦等粮食作物，就是有胚乳的种子，淀粉就是贮藏在胚乳里的。在蔬菜作物中，番茄、菠菜、芹菜等的种子都是有胚乳的。有些种子在发育的过程中，胚乳被吸收成为无胚乳种子，营养物质储藏在子叶中，如豆类、瓜类种子。

泡芽菜种子如何发芽

种子发芽，大家都见过。最常见的，就是我们平时吃的豆芽。绿豆或黄豆的种子发芽稍稍大一点儿后，经过加工就可以成为我们盘子里的菜了。

有些植物的种子，特别容易发芽。到了收获花生的季节，一旦下雨，地里的花生就很容易发芽，种花生的农民就开始担心了。如果雨水不多，发芽的花生种子少，并不太影响收成。有些种子还在果实的肚子里，就有可能发芽，比如，西葫芦，长老了的西葫芦切开的时候，经常会看见西葫芦籽已经发芽，并且长得很长。

种芽菜首先要选购种子。通常情况下，种芽菜所需的种子都是日常生活中常见的类型，如黄豆、绿豆、红豆等，买种子非常方便，最重要的是种子的质量。芽菜的成活率与种子的质量息息相关，种子越新，质量越好，芽菜的成活率越高。因此，在选购种子的时候，我们要以当年的新种为首选。通常情况下，新种子有一种自然的清香，颗粒饱满，有光泽。陈旧的

种子闻起来有一种潮味，颗粒干瘪，颜色晦暗。如果购买袋装种子，就要选择日期近的。此外，种子买回来后还要进一步筛选，将其中的杂质、残种、干瘪的种子去掉，这样可以保证芽菜的出芽率。

水分、温度、空气(氧气)是种子发芽所必须具备的三大条件。在芽菜的生长过程中，光照还决定着其质量。所以种芽菜所需要的环境条件就是水分、温度、空气和光照。

水分

水分在种子发芽的过程中有三个作用。

第一，种子只有吸足水分，才能进行发芽的一系列生理生化的生命活动；

第二，满足种子萌发以后继续生长的需要；

第三，起到排污、带走过量氧气和调节温度的作用。

种子不是在吸水达到最大吸水量时才可以满足发芽的需要，而是当吸水达到最大吸水量的50%~70%(豆类为50%，其他为70%)时就可以满足发芽的需要。浸种时间过长、水分过多或泡于水中，会导致缺氧窒息或在体内产生有害物质，抑制发芽。

在种植芽菜的过程中，要及时补充水分。通常情况下，如果是用镂空的容器如篮筐来种芽菜，每天要为芽菜喷洒2~4次水；如果是用不漏水的容器如盘子来种芽菜，则可以适当减少喷水次数，以免积水。

水质的好坏对芽菜的生长也是有影响的。我们可以使用桶装水或自来水，但是一定要保证水质干净。此外，不要用热水浇洒种子或芽菜，这样会破坏种子，影响芽菜的生长发育。

温度

种植芽菜，适宜、稳定的温度也是重要条件。一般来说，种子发芽的时候需要放在温暖的地方，18℃ ~25℃是最适宜的，当种子发芽后，控制在 15℃ ~20℃就可以。温度低，发芽速度慢或停滞，产量低，延长了生产周期，降低了工作效率；温度过高，发芽受到抑制，或发芽生长快，胚轴细长，纤维多，品质差。正是因为对温度要求严格，所以在夏季或冬季时我们需要适当采取一些措施，如利用空调调温，为芽菜营造良好的生长环境。

空气

种子和芽菜是活体，生长发育要进行呼吸。氧气充足，芽菜的呼吸加快，新陈代谢旺盛，芽菜就生长细弱，纤维化严重，影响品质。如果采取控制空气流通的方法，适度降低一下芽菜周围空气中氧气的含量，就可以减少呼吸消耗，有利于生长出胚轴粗壮、纤维化轻、质脆鲜嫩的芽菜。

阳光

对芽菜来说，阳光可以说是最天然的“营养剂”。不过，这种“营养剂”可不是随便用的。在种子发芽期间，为了保证一定的湿度、温度，要避免阳光照射，这也是一般种子播种时要埋在土里的原因；当种子长出小芽时，也要注意避光，因为被太阳照射后，小芽会变绿、变硬，长成粗纤维的芽菜，不仅口感差，而且营养也不够。那么，什么时候才能让芽菜接受阳光的“洗礼”呢？当芽菜长到 3~4 厘米时就可以了。这时候芽菜是黄色的，当我们把它移到阳光充足的地方待上一段时间后，芽菜就会由黄转绿，并茁壮成长，用不了多久就会丰收。这样的芽菜不仅口感好，富含的叶绿素对人体也是非常有益的。

给种子穿衣裳

小种子"穿花衣"

在青岛2021年农产品"产销对接"会上，各地的特色农产品"群英荟萃"。其中有一个展位显得"格格不入"——没有任何农产品——一桌塑料盒，盒子里盛着五颜六色、大小不一的"小珠子"。参观的人无不好奇驻足打听这究竟是何物。展位主张连华不厌其烦地回答："这是丸粒化后的种子。"

种子为何要成丸？又如何成丸？"好的品质，源于好的种子。"张连华称，目前国内的胡萝卜种子多是进口的，1000元一罐，一罐80克，一亩地大约需要120克，种子成本是1500元/亩。一边是种子金贵，一边却是不可避免的浪费。在张连华的丸粒化实验室，记者看到，胡萝卜的种子形似稻壳，成片状，又小又轻，边缘还带有细微绒毛，非常容易粘连。"这么小的种子，自动化播种机根本播不了，只能靠人工把种子下到坑里。人工的弊端是无法精准控制稀疏、株距，必须等到出苗后，再人工间苗、定苗，人工和种子都是成本啊！"

2011年，张连华得知在日本、荷兰等国家有给花卉种子丸粒化的技术，但因技术壁垒，无法借鉴，"只能靠自己试"。丸粒粉配方是种子丸粒化的关键。"粉是有机质加矿物质的混合料，既要保证丸粒化后不破损，又要保证发芽时快速崩裂，实验做了上千次。"7年后，张连华研发出了五大类20个品种的丸粒化技术，涉及蔬菜、中药材、生态修复等。

经过丸粒化后，种子不仅大小均匀，体积和重量也增大数

倍至数十倍。用不同的颜色区别不同的种子，防风防虫防鸟防霉，而且又适合用机器播种。

种子包衣技术

20世纪三四十年代，英国的一家种子公司——基曼有限公司发明了一种给种子包衣成球丸状的方法，来修整种子的不规则，以便机械化单株种植。

所谓包衣种子，是指利用机械或人工的方法，将黏着剂或成膜剂、杀菌剂、杀虫剂、复合肥、微量元素、植物生长调节剂、着色剂或填充剂等非种子材料包裹在种子外面后形成的成球形，或基本保持原有形状的种子。包衣种子播种后，能迅速吸水膨胀。随着种子内胚胎的逐渐发育以及幼苗的不断生长，种衣剂将含有的各种有效成分缓慢地释放，被种子的幼苗逐步吸收，并传导到幼苗植株各部位。使种子及幼苗对种子带菌、土壤带菌及地下、地上害虫起到防御作用。药膜中的微肥可在底肥借力之前充分发挥效力。因此，包衣种子苗期生长旺盛，叶色浓绿，根系发达，植株健壮，从而实现增产增收的目的。

种子包衣明显优于普通药剂拌种，主要表现在综合防治病虫害、药效期长（40～60天）、药膜不易脱落、不产生药害、适合机器播种等5

方面。填料是包衣的关键技术之一，难就难在很多东西要配齐。

20 世纪 60 年代，在发达国家，种子包衣开始大规模商业化。种子包衣在 80 年代中期开始传入我国，90 年代被我国列为重点农技推广项目。现在种子包衣已广泛用于蔬菜、花卉以及一些大田作物。

种子包衣技术过去由国外公司掌握，国内主要依靠进口，这类种子的价格也很贵。其实我国在 2000 多年前的古代就已经有种子包衣技术了。好在我国农技工作者经过多年的努力，逐渐掌握了包衣技术，包衣种子的种植面积也逐渐扩大。广东省农业科学院植物保护研究所研究员林庆胜博士说："以水稻为例，如果用非包衣种子，一亩地需用 10 余斤种子的话，包衣种子只需 2~ 4 斤。随着国内种子包衣技术的成熟，种子的价格更容易被农户接受。"

世界上最早的包衣种子制作方法在中国

至少在汉代，我国已经发明用"溲种法"处理种子，这是最早的包衣种子制作方法。

据早期农业《汇胜之书》记载，对"薄田不能粪者"，可采用"溲种法"播种。溲（sōu）是动词，浸渍之意。"溲种"，就是把种子浸在汁液里调拌。该书具体介绍其方法：将马骨或牛、羊、猪、鹿等兽骨碾碎，用水煮过三沸，滤去骨渣，成为汁液；将羊粪、蚕矢、鹿屎等捣烂放到汁液里，另外再加上附子（有剧毒的中草药，能驱虫），一同搅拌成稠粥状。

播种前 20 天，将种子放进稠液里，使种子外面粘上一层粪壳，如同包上一层外衣，就像鱼皮花生米那样。将溲过的种子薄薄地摊开晾晒，第二天再调拌，这样反复六七次。溲种要在天旱燥时，阴雨天不要溲。种子溲过晒干后密闭收藏。播种时，再把剩余的稠汁与种子搅拌，然后播种。书中说："治种如此，则收常倍。"经过这样处理的种子，能起到耐旱、防虫、增产的效果。因为种子溲过后，包上一层有机质肥料和药物的外衣，起种肥作用，使幼苗有足够的养料，生长旺盛，因而使作物增产。

经溲种的包衣种子创始于我国，流行于陕西关中地区，是旱地农业生产的一项有效措施。经试验和专家论证，溲种法确有早苗、全苗、壮苗、保墒和增产等作用。记述“溲种法”的《汜胜之书》约成书于公元前 1 世纪西汉成帝时。说明早在 2000 年前，我国已开始使用包衣种子；美国在 20 世纪 60 年代初期才开始试验研究包衣种子。

达尔文的《物种起源》

1828年的一天，在伦敦郊外的一片树林里，一位大学生围着一棵老树转悠。突然，他发现在将要脱落的树皮下，有虫子在里边蠕动，便急忙剥开树皮，发现两只奇特的甲虫，正急速地向前爬去。这位大学生马上左右开弓抓在手里，兴奋地观看起来。正在这时，树皮里又跳出一只甲虫，大学生措手不及，迅即把手里的甲虫藏到嘴里，伸手又把第三只甲虫抓到。看着这些奇怪的甲虫，大学生真有点爱不释手，只顾得意地欣赏手中的甲虫，早把嘴里的那只给忘记了。嘴里的那只甲虫憋得受不了啦，便放出一股辛辣的毒汁，把大学生的舌头弄得又麻又痛。他这才想起口中的甲虫，张口吐到手里。然后，不顾口中的疼痛，得意扬扬地向市内的剑桥大学走去。这个大学生就是查理·达尔文。后来，人们为了纪念他首先发现的这种甲虫，就把它命名为“达尔文”。

带着浓厚的好奇心，观察、发现、思索、实验、探索大自然的奥秘，这样的生活贯穿了达尔文的一生，使他一步步地成长为一个伟大的科学家。

从外太空看地球，它是绿色的，表面包裹着郁郁葱葱的植被，全球的动物种群和植物种子是怎样分布在如此广阔的范围呢？近代及更早以前的生物地理学家会调用宗教理论来解释这一切，最著名的观点就是挪亚方舟保存了从大洪水中幸存的动植物物种，然后由自这样一个单一起源散布到了全世界。

18世纪末19世纪初的一些科学家开始致力于阐释物种有多个起源中心的观点。然而，同一个物种是否同时起源于不同地区，或者它们是否先后出现在不同地方、先后出现的有没有亲缘性，这些问题还有待进一步解答。

如果仔细盘点达尔文生命中的转折点，“小猎犬号”的航行一定是其中最重要的经历之一。1831 年毕业于剑桥大学后，达尔文以“博物学家”的身份乘着“小猎犬号”舰船，开始了环绕世界的科学考察航行。在这次考察中，达尔文被澳大利亚的奇特动物区系所震撼。在阅读当时的地质学专业著作后，他开始逐渐相信物种扩散尤其是长距离跨海、跨大洲扩散的可能性。达尔文的观点受到了当时许多科学家的质疑，尤其是他的好友、植物学家约瑟夫·道尔顿·胡克。

两人在此问题上展开激烈争论，胡克认为物种经由大洋扩散的成功机会很小。理由是鸟儿或者鱼类吞服种子，再在遥远的另一大陆扩散种子的可能性几乎不存在；而植物种子或是动物的卵经过海水长时间浸泡，再冲到另一个大陆，还能保持生物活性的可能性也是不现实的。

用事实说话是最有效的。《达尔文的后花园：小实验如何撬动大理论》一书中介绍道：

1855 年，达尔文开始了一个很有意思的“种子盐渍实验”。具体做法是将卷心菜、水芹、萝卜、生菜、胡萝卜、洋葱等植物的种子放入盛有由积雪融水制成的盐水的地窖水槽中，确保盐水像海水那样冰冷。

这个实验一开始就很成功，经过一周的浸泡，上述种子都发芽了，证明在洋流作用下，物种的长距离扩散是可能的。

出师大捷让达尔文十分兴奋。他赶快写信给朋友以及亲人，索要各大洲原产的植物种子，拿来测试被盐水浸泡的效果。

达尔文还影响了他的家人，他的孩子也乐于帮助父亲完成一次又一次实验。经过两年多的实验，达尔文对植物种子浸泡实验经过归总，再测算洋流速度，基本上证明了种子完全可以漂洋过海到另一个大洲。

1859年，是科学史上里程碑式的一年。这一年，达尔文的《物种起源》一书横空出世。在该书中，达尔文首次提出了进化论的观点。他以前人的发现和自己亲身考察过的大量事实证明：动物和植物不是上帝的特殊创造，而是在漫长的进化过程中逐渐发展起来的。一切生物都是进化的，各种生物的形态和结构虽然千差万别，但所有生物都不过是伟大生命母树上的一些分枝，人类本身也是进化锁链上的一部分。

《物种起源》讨论了育种学、生态学、古生物学、生物地理学、动物行为学、形态学、胚胎学和分类学等许多领域的大量现象，揭示出各种生物之间具有亲缘关系，生命只有一个祖先。物种并不是固定不变的，而是通过"伴有修改的代传"而发生变化。一切生物都是从简单到复杂、从低级到高级逐渐发展而来的。达尔文令人信服地证明物种的演化是通过自然选择和人工选择的方式实现的。由此，《物种起源》以全新的进化思想推翻了神创论和物种不变论，把生物学建立在科学的基础上。

由于达尔文，生物学从根本上摆脱了神学和唯心主义的束缚，飞速地发展。进化论引导人们深入地研究遗传变异的物质基础及其规律，为分子遗传学、分子生物学、现代育种学的发展开拓了道路。近百年来，尽管生物学、生物技术的发展日新月异，但是，达尔文奠定的遗传、变异和自然选择的基本原理，仍然是人类研究生物学和发展生物技术的理论基石。

对于育种家来说，既然一切生物都是由低级类型进化而成的，物种不是固定不变的，那么种子就具有可塑性；既然种子会顺应环境，那么通过人工进行选育，就可以培养更好的品种以造福人类。宛如黑暗中的明灯，进化论思想极大地鼓舞了育种学家，推动了现代农业的发展。

孟德尔的豌豆实验

人类在较早就知道遗传基因的作用。比如，子女像父母；再比如，谷子种出来的是谷子，小麦种出来的只能是小麦；谷子种不出来小麦，小麦也种不出谷子，其中一定有原因。但是这些都是相对模糊的认识，而没有深入研究。只有近代以来，当遗传上升为科学，用科学的方法把遗传作为一门学问去研究，才发现了深藏在这些现象背后的遗传规律。由此我们才能洞悉一粒种子背后所藏着的秘密，并借由这一秘密的揭示，发展出日新月异的农业育种技术。

早年孟德尔

1822 年 7 月 22 日，格雷戈尔·孟德尔出生在奥地利的一个贫寒的农民家庭里，父亲和母亲都是园艺家。孟德尔受到父母的熏陶，从小很喜爱植物。

1840 年，他考入奥尔米茨大学哲学院，主攻古典哲学，同时他还学习了数学。

当时在欧洲，学校都是教会办的。学校需要教师，1843 年大学毕业以后，年方 21 岁的孟德尔进了修道院，并在当地教会办的一所中学教书，教的是自然科学。他专心备课，认真教课，所以很受学生的欢迎。后来教会又派他到维也纳大学深造，受到相当系统和严格的科学教育和训练；也受到杰出科学家们的影响，如著名物理学家多普勒，孟德尔曾为他当演示助手；还有恩格尔，他是生物细胞理论发展中的一位重要人物。

这些为他后来的科学实践打下了坚实的基础。

著名的豌豆实验

从维也纳大学回到布鲁恩不久，孟德尔就开始了长达 8 年的豌豆实验。孟德尔首先从许多种子商那里，弄来 34 个品种的豌豆，从中挑选出 22 个品种用于实验。它们都具有某种可以相互区分的稳定性状，例如高茎或矮茎、圆料或皱科、灰色种皮或白色种皮等。

起初，孟德尔的豌豆实验并不是有意为探索遗传规律而进行的。他的初衷是希望获得优良品种。在试验的过程中，孟德尔逐步把重点转向探索遗传规律，则是受到《物种起源》一书的影响。孟德尔开始进行豌

豆实验时，达尔文的进化论刚刚问世。在保存至今的孟德尔遗物之中，就有好几本达尔文的著作，上面还留着孟德尔的手批，足见他对达尔文及其著作的关注。显然，孟德尔仔细研读了达尔文的著作，并从中吸收了丰富的营养。孟德尔经过长期思索认识到，理解那些使遗传性状代代恒定的机制更为重要。

孟德尔通过人工培植的豌豆，对不同代的豌豆的性状和数目进行细

致入微的观察、计数和分析。运用这样的实验方法需要极大的耐心和严谨的态度。他酷爱自己的研究工作，经常指着豌豆向前来参观的客人十分自豪地说："这些都是我的儿女！"

2个寒暑的辛勤劳作，人工培植了一万株豌豆，在反复地观察、记录、思考后，孟德尔发现了生物遗传的基本规律，并得到相应的数学关系式。人们分别称他的发现为"孟德尔第一定律""孟德尔第二定律"，即"分离定律"和"自由组合定律"，它们揭示了生物遗传奥秘的基本规律。

除了豌豆以外，孟德尔还对其他植物做了大量的类似研究，其中包括玉米、紫罗兰和紫茉莉等，以期证明他发现的遗传规律对于多数植物都是适用的。

从生物的整体形式和行为中很难观察并发现遗传规律，而从个别性状中却容易观察，这也是科学界长期困惑的原因。孟德尔不仅考察生物的整体，更着眼于生物的个别性状，这是他与前辈生物学家的重要区别之一。孟德尔选择的实验材料也是非常科学的。因为豌豆属于具有稳定品种的自花授粉植物，容易栽种，容易逐一分离计数，这对他发现遗传规律提供了有利的条件。

被忽视的遗传学巨擘

孟德尔清楚自己的发现所具有的划时代意义，但他还是慎重地重复实验了多年，以期更加臻于完善。1865年，孟德尔在布鲁恩科学协会的会议厅，将自己的研究成果分两次宣读。第一次，与会者礼貌而兴致勃勃地听完报告。孟德尔只简单地介绍了试验的目的、方法和过程，为时一小时的报告使听众如坠入云雾中。

第二次，孟德尔着重根据实验数据进行了深入的理论证明。可是，伟大的孟德尔思维和实验太超前了。尽管与会者绝大多数是布鲁恩自然科学协会的会员，其中既有化学家、地质学家和生物学家，也有生物学专业的植物学家、藻类学家，然而，听众对他连篇累牍的数字和繁复枯燥的论证毫无兴趣。他们实在跟不上孟德尔的思维。

1866 年，孟德尔发表了《植物杂交试验》的论文。在论文中，孟德尔总结了他的主要实验结果，描述了植物的杂种优势现象，并提出了生物性状的遗传决定于遗传因子的理论。孟德尔所论述的性状遗传规律是现代遗传学的基本规律，也是后人进行杂交育种的理论基础。但在当时及以后的许多年里，孟德尔的论文和理论并没有引起人们的注意。

孟德尔用心血浇灌的豌豆所告诉他的秘密，时人不能与之共识，一直被埋没了 35 年之久！

孟德尔晚年曾经充满信心地对他的好友、布鲁恩高等技术学院大地测量学教授尼耶塞尔说："看吧，我的时代来到了。"这句话成为伟大的预言。直到孟德尔逝世 16 年后，豌豆实验论文正式出版后 34 年，他从事豌豆试验后的 43 年，预言才变成现实。

随着 20 世纪雄鸡的第一声啼鸣，来自 3 个国家的 3 位学者同时独立地"重新发现"了孟德尔遗传定律。1900 年，是遗传学史乃至生物科学史上划时代的一年。从此，遗传学进入孟德尔时代，而孟德尔也被誉为现代遗传学之父，他是这一门重要生物学科的奠基人。

植物魔术师——布尔班克

时间不能增添一个人的寿命，然而珍惜光阴却可以使生命变得更有价值。

——布尔班克

奇幻的农场

120多年前，美国有两个小小的农场，那里生长着各种奇花异果，使人眼花缭乱。

在农场果园的一角，生长着鲜美无比的无核李，它是用法国野生无核李和优良栽培李杂交的。离李树不远有几株甜樱桃，它的成熟期比李树早，果实鲜艳，不仅丰产、早熟，而且品质好，便于运送。

往左看，有一株稀奇的桃树，是用桃和扁桃杂交的后代。一棵树能结桃子500个，除果肉可吃外，核的壳很薄，包着一颗同扁桃仁一样味道香甜的种仁。

往右走，是那既不像杏，又不像李的杏李树，据说它是日本李和杏杂交的后裔，但果实可比它的父母大得多！

在坚果园里，人们能够看到一种名叫“奇异”的胡桃。它生长迅速，木质又好，原来是加利福尼亚杂种胡桃和黑胡桃的子孙。

到了5—6月，白色的树莓和无刺的黑莓成熟时，扑鼻的香气又把人引入农场里一个不平常的小花园。这里生长着著名的“沙斯塔”雏菊、香水芋、香马鞭草、澳大利亚紫罗兰等新型花卉。

深秋时节，果园里的板栗成熟了。稀奇的大板栗树，果实累累，每个壳斗里竟包着 6 ～ 9 个栗子，每个栗子有 28 克重，直径约 5 厘米。

此外，农场里还有许多说不清名目的粮食作物、饲料作物、经济作物、蔬菜等，真是美不胜收。这一切不是科学幻想，都是千真万确的事实。那两个小小的农场在美国加利福尼亚州的圣罗莎和塞巴斯托堡，培育这些奇树异果的就是著名的植物育种家——路得·布尔班克。

达尔文影响了他

布尔班克是美国卓越的植物育种家，也是世界上最著名的植物育种家之一。在他一生半个多世纪的育种实践中，培育了大量的果树、蔬菜、花卉、林木以及其他农作物新品种，被人们称为奇异的“植物魔术师”。

布尔班克 1849 年 3 月 7 日出生于美国马萨诸塞州兰开斯特镇。虽然只受过普通学校和当地学院的教育，但是他从小热爱自然，在亲友的影响和多年学校教育中，培养了他的科学素养。童年时期在父亲农场里从事农业、园艺和果树种植方面的工作，使他受到了具体而又富有成效的训练。

在布尔班克的少年时代，达尔文的思想在知识界和宗教界引起了很大震动。达尔文的《物种起源》一书在1859年出版之后，新英格兰迅速地受到这个新学说的影响，并展开了激烈的争辩。在布尔班克的家中，这也是大人们经常谈论和争辩的内容之一。达尔文这本破除迷信和传统观念的巨著问世时，布尔班克只有10岁，他正是在人们以极大的热忱传播这本书的思想的岁月长大成人的。

年轻的布尔班克深深地被达尔文进化论的思想吸引住了，他很快看出这种新思想所开辟的广阔前景。布尔班克写道："这本书不单鼓励了我，也迫使我采取行动。它激起了我的幻想，使我洞察了植物界的情形，并且在我的心中引起一种坚强的欲望，即到田野中去为书中提示的那些问题寻找答案。"布尔班克从达尔文的著作中认识到，一切生物都是由低级类型进化而成的，因此物种不是固定不变的，而是可塑的，它们会适应环境的影响。于是布尔班克决定按照自己的理想去进行塑造植物的尝试。

布尔班克马铃薯

炸薯条在美国就相当于东方的大米，尤其是蘸着番茄酱吃，更是别有一番风味。加工薯条的工序并不是很复杂，但是土豆的选择很重要。只有适合做薯条的土豆，做出来的薯条才好吃。加工薯条的专用马铃薯，主要就是从美国引进的布尔班克土豆，这种土豆是由布尔班克培育的。

布尔班克毕业不久就开办了一个小规模的农场，生产果品蔬菜，兼营良种苗木和种子。1872年，开始育种活动，当他刚满23岁时就从一株经过选择的"罗斯早熟马铃薯"的实生苗中培育出产量高、品质好、定名为"布尔班克马铃薯"的新品种。它的抗病害能力特别强，基本上不生病，生育期能达到150天，后来在世界各地被大量推广。1875年10月，他迁到南部加利福尼亚州的圣罗莎，直到1924年去世。在那里他把毕生精力和全部才华投入通过杂交和选择获得新品种的工作，创造出神话般的植物新品种和新类型。

布尔班克的成功并非偶然。为了创造一种理想的青饲料——无刺仙人掌，他一直坚持研究了 15 年之久。他用小而少刺的仙人掌和多刺的仙人掌进行杂交，多次试验。由于经常和带刺的仙人掌接触，他的双手和身体被这种有毒的刺所伤害，红肿，痛痒，长期坐卧不安，痛苦万分。但他以惊人的毅力一直坚持到底，终于培育出巨大、无刺的仙人掌。在栽培 3 年后，每亩地能生产 10 多吨鲜饲料，还能收获到味甜多汁的浆果。无刺的仙人掌再生能力极强，种植一次可以年年收获，甚至维持百年以上。布尔班克对他的研究工作极其严肃认真，不畏艰难困苦，将毕生心血献给了培育新植物的事业。

胜利的果实

一位著名的果树栽培专家在布尔班克的李树旁，切开一只李子。果树专家用刀子小心翼翼地尽可能避开果实中心以免碰到核，却意外发现当刀子最后将李子切成两半时竟没有碰到任何阻碍！这就是布尔班克培育的一种无核李。他是怎样创造了这个奇迹的呢？

早先，布尔班克听说有一种所谓没有种子的李子，生长在法国，法国人视为珍宝。1890 年，布尔班克想办法得到了这种李子的一些接穗，他把接穗嫁接在一株李树上，并结了果。果实是青蓝色的，很小，只有野浆果那么大，味道也极酸，果肉松软，无论生吃还是熟食都不适宜。

树的外表其貌不扬，只能算是一种杂乱多刺的灌木，谈不上什么价值。另外，这种李子号称“无核”，实际上只能说是部分无核或核发育不完全。果实中有相当大的种仁，种仁外面有一层厚的壳，半盖着种仁。虽然这样，布尔班克还是发现了可以用作育种的原始材料，通过杂交和选育，可以在后代中发展这种半无核的特性，从而培育出完全无核的新品种。

第二年，布尔班克用法国制果干的李树花粉以及其他李树的花粉给“无核”野李授粉，得到了一些杂种实生苗，把这些杂种实生苗再行嫁接使它们提早结果。当然，在这些后代中，果实是比野李大了很多，但大都品质不理想，而且依然有核，其中极少数无核。布尔班克就用这些半无核的后代继续实验，以后进一步杂交的后代在各方面都表现了某种程度的进步。布尔班克把来自无核李的实生苗嫁接在老龄树上——为了促使实生苗提早结果，这种方法是布尔班克经常采用的。

就这样，经过反复多代的杂交、培育和选择之后，有了很显著的进展：果实的个儿增大了，品质提高了，果实中的核由大变小。

1904 年，布尔班克由许多实生苗中得到了两株李树。这两株李树外观良好，品质优良，产量很高，果实几乎全是无核的。通过布尔班克前后近 15 年的辛勤劳动，终于在李子的果实中除去了核。在布尔班克名为“胜利”的无核李中，残余的核无论在体积还是重量上，都不超过果实的千分之一。布尔班克无核李的育成是当时举世无双的成就。

杂交育种领域的先驱者

杂交是植物产生奇异变化的主要原因之一。在自然界，没有两株植物是完全相同的。正是由于有了植物的种种变异，才为植物育种家提供了选择的机会。

早期探索

植物育种家的任务在于，从自然界现有的一切变异材料中去选择所需要的个体；这些变异材料是植物天然授粉杂交产生的。但是，植物的天然杂交带有极大的盲目性，与人类的愿望不一定一致，它为人类提供希望的类型无疑太少了。所以，植物育种家的另一个更重要的任务，就是用人工的方法加速植物产生变异。采用人工杂交的方法，是人工创造新品种的最常用的办法。

1719 年，英国植物学家费尔柴尔德以石竹科植物为材料在世界上首次获得人工杂交品种。

1761—1766 年，德国植物学家科尔罗伊特进行烟草杂交实验获得了丰产、早熟的优质杂交品种。科尔罗伊特认为杂交一代的性状介于双亲中间，且有优势表现。

从 1856 年起，奥地利修道士孟德尔进行了 8 年的豌豆杂交试验，于 1866 年发表论文《植物杂交试验》，揭示遗传规律的同时，也描述了植物的杂种优势现象，奠定了杂交育种的理论基础。

1900 年，随着孟德尔论文的重要意义被重新认识，使杂交育种开始有了初步的遗传理论做指导。此后随着遗传学的发展，特性鉴定技术的改进和生物统计学的应用，杂交育种技术逐步形成了一套比较完整的体系。

正是杂交育种的先驱者们培育了良种，再加上增施肥料等措施，才能使世界农作物的大面积单位产量产生大的突破。

布尔班克的育种方法

布尔班克在植物育种实验中所用的方法是很简单的，可以归结为四个字：杂交、选择。在布尔班克的时代，这可以说是唯一行之有效的方法。按照布尔班克的意见，杂交可以把不同植物个体的遗传性融在一起，也就是通过人或其他动物为媒介，使不同植物的雌雄细胞结合，把它们各自的遗传因素综合在新的个体内。这样，在新个体的身体细胞内就具有两种相互矛盾的遗传倾向，这些遗传倾向是不稳定的。在随后的世代中通过遗传因素的分离和重新结合、可以逐渐达到统一和稳定。育种家可以在后代中选择合乎人类需要的理想个体。这些意见，实际上就是孟德尔遗传因子的结合，分离与重组的一般原理的概括说明。孟德尔规律阐明了植物杂交育种的本质，是植物杂交育种的理论依据。所有育种家都自觉或不自觉地遵循着这一原理，布尔班克一生都是如此。

杂交和选择的育种方法不是什么秘密，而是很实际的，任何人都可以学到。只要他按照确定的目标去实际从事植物杂交育种工作，准会取得一些成绩。但是，无论从植物育种的范围以及最后的实际成效来看，没有一个人能赶得上布尔班克。布尔班克是当之无愧的世界植物育种家的杰出代表。

为什么布尔班克能够取得如此辉煌的成就？除了他的某些天赋和坚韧不拔的精神外，也与他采用的与众不同的独特方法有关。这些特殊方法是：大规模的杂交和大量地培育杂种；重复杂交、远缘杂交和远距杂交；严格选择和大量淘汰；巧妙地利用嫁接方法促使实生苗提早结果。

在布尔班克的植物育种实验中，最突出的特点是规模大、范围广、数量多。布尔班克的兴趣非常广泛，从不把自己局限在狭小的范围里。他对果树植物、蔬菜植物、花卉植物、粮食作物、经济作物、牧草以及各种树木都有着浓厚的兴趣，都希望改良它们。他总是同时用几十种植物进行实验，从不是单打一。他进行的实验几乎没有一个是在 2500 次以下的。在某些年中，他同时进行的实验甚至有 3000 到 5000 次之多。布尔班克曾说，在环绕他家的 18 亩土地上，他进行过的实验超过了 10 万次。布尔班克为什么要进行这么多实验呢？这里有一个思想方法问题。布尔班克是一个育种家，他的目的是要获得果树、蔬菜、花卉、粮食等作物的新品种，这是唯一的目标。为在最短时间内培育出众多高质量的新型植物，必须进行大规模的育种实验。这是一个多出成果、快出成果的办法。

杂交玉米育种的先驱者

美国在玉米育种领域处于世界领先地位，美国植物学家威廉·詹姆斯·比尔（1833—1924)则是杂交玉米育种的先驱者，并且在试验中证明了杂交优势。

达尔文的生物进化论以及孟德尔的遗传学说，为近代生物科技的发展奠定了理论基础。这些理论在农业上应用最早、受益最大的，就要算是杂交玉米了。

比尔自 1862 年起就研究杂交玉米。比尔进行了第一例在人工控制条件下以增加玉米产量为目的的玉米品种杂交试验。他从全国各地征集了各类形态和生理差异很大的玉米品种，在试验地隔行种植，精心管理。这些玉米生长较均匀。当所有品种的雄穗刚露头时，比尔只留下一个品种做父本，而把所有其他植株的雄穗拔去，用透明纸袋把雌穗套起来，不让它接受外来花粉，然后逐株地将花粉授予雌穗花丝。试验表明，通过人工控制花粉来源，进行不同玉米品种杂交，可以显著地提高玉米产量。这个试验为以后玉米杂交育种奠定了基础、指明了方向。在以后的半个多世纪里，科学家遵循比尔的思路，最终解决了杂交玉米的许多难题并使之应用于生产。

在以后的玉米杂交试验中，比尔和工人们创造了新的杂交方法。他们把杂交玉米的产量和亲本的产量进行比较，使试验达到了较高的精确度。试验表明，杂交玉米的产量约比亲本产量高 25 %。虽然没有使用“杂交优势”这个术语，但他的试验事实上已经证明了杂交优势存在。

比尔于 20 世纪初发现，因同系近亲繁殖而减低的植物活性，可通过杂交恢复。

在那一时期，还有许多遗传学家和育种学家为培育杂交玉米做出了贡献。其中著名的有伊斯特、沙尔、琼斯等，后人尊称他们为“杂交玉米之父”。

1980 年以后，美国将转基因技术应用于玉米杂交育种。1990 年以后，美国培育出一批抗旱、抗病、抗虫、抗除草剂的转基因杂交玉米，产量、品质、效益远远高于传统杂交玉米。如今，全世界 80%的转基因杂交玉米品种出自美国。

埋藏了 140 多年的种子

美国植物学家比尔还有一项实验被后人津津乐道。据说这是一个目前世界上持续时间最长的科学实验，到现在这个实验已经持续了 140 多年，而且要一直到 2100 年才会结束。

因为他的那个年代农民除草是农作中很麻烦、劳累的工作。拔了一次草不多久又会长一层草，究竟要拔多少次野草，才会不再有野草冒出来？他想帮农民解决这个问题，就必须研究植物种子到底可以在土壤里休眠多久，为此他设计了一个实验。

他收集了 23 种植物的种子，找了 20 个窄口瓶。每个里面放 50 颗种子，并放点微微潮湿的沙子用来模拟土壤。在 1879 年的秋天，他在密歇根州立大学的校园里选了一个秘密地点，将这 20 个瓶子埋了起来。

比尔计划每隔 5 年挖出一个瓶子，将里面的种子取出来种植，检验种子是否会发芽。这样一共 20 个瓶子，需 100 年的时间。

终于，他在退休前等了 30 年，开启了 6 个瓶子。

在他退休之后，为了使实验能够继续下去，他交给一个年轻同事负责。后来这个同事又传给了后人，一代一代地继承下去。

据说为了不让整个实验遭到破坏，每次只能指定一个负责人。这个人是最值得信任的，来继承以前的数据和这个实验的一切。被选定的这个人守卫到退休，再把整个实验交给另一个他最信任的人，就好像是在进行秘密活动一样。

一直到 1920 年，当时这项实验的掌管人发现每次实验结果都很一致，都是同一种植物的种子发芽。为了进一步确认实验结果，这个掌管人做了一个决定，将开瓶的间隔时间从 5 年延长到 10 年。而在他之后的那个掌管人，又把开瓶时间延长到 20 年，原计划 100 年的实验时间就这么被拉长了。

就这样，掌管人一代一代地传承。一个掌管人在他的职业生涯里也许只有一次开瓶实验的机会，但他依旧把这个当成一个神圣的事情。每到开瓶时间，他就会去秘密地点挖出一个瓶子，把种子拿出来种植，最后记录实验结果。然后在他即将退休的时候，选出下一个掌管人，把实验的地点和继承的数据结果交给他。

到目前为止，已经有 15 个瓶子被打开，发芽能力最强的是鹅毛蕊花，一种在美国田野里很常见的植物。

最近一次开瓶实验的时间是 2020 年的春天。下一次将会在 2040 年。最终计划是在 2100 年开启最后一个瓶子，掌管人在心目中有种神圣的职责，就这么一直延续下去……

这个实验已经持续 140 多年了。伴随着这个实验，在育种行业也发生了翻天覆地的变化。从杂交育种开始，一代又一代科学家，不断努力，在作物育种领域取得了巨大的成就。

无籽胜有籽

对于种子植物来说，植物母体生种子，种下种子又发育成植物，这似乎是天经地义的事情，那么无籽西瓜又是怎么回事呢？

中国人最先育成无籽西瓜

1938 年，黄昌贤在美国攻读博士学位时，以应用植物激素首次成功培育出无籽西瓜而轰动美国及欧洲生物学界，进入园艺科学的殿堂。美国《大众科学》月刊在 2012 年刊发《最近 25 年来的 25 大创新》，无籽西瓜就位列其中。

当时，美国的许多报刊以“中国人育成无籽西瓜”“无籽西瓜由年轻华人育成”等为题，刊登了黄昌贤的事迹和照片，称誉他为“无籽西瓜之父”“无籽西瓜大师”。因为这一杰出成就，他被选为美国科学促进协会（AAAS）荣誉会员，获美国西格马赛（SigmaXi）科学荣誉学会会员称号，并获得金钥匙奖。美国科学促进会将应用植物激素育成无籽西瓜列为 1938 年世界生物学成就之一。

1936 年，美国密执安州立大学植物生理学教授古斯塔佛逊博士利用人工合成的植物激素做实验，第一次使番茄、西葫芦、茄子、辣椒和一些观赏植物获得了单性结果的无籽果实，证明了应用某种植物激素能使植物子房不经受精作用就自然发育成无核果实，但他在西瓜、南瓜方面的实验则未获成功。

西瓜在所有瓜果中果汁最为充足，含水量高达 96.6%，是

人们喜食的时令水果。但是西瓜好吃吐籽烦，西瓜能不能像香蕉那样没有籽呢？于是人们开始研究利用生物技术培育无籽西瓜。

黄昌贤受到古氏论文的启发，敏锐地意识到植物激素能产生无籽果实，将会使植物生理学发生重大突破，对植物花果发育生理理论的发展和植物果实的优化将会有深远影响，在生产应用上也很有发展前景。于是，他充分利用美国图书馆的丰富资料，全面系统地研究了20世纪30年代初期一些植物生理学家利用化学药剂在植物扦插繁殖上的应用技术，还特别与从事植物激素研究并获得多种植物插条生根的专家齐摩门博士取得了联系。根据齐氏的经验，他采用扦插生根最有效的激素——萘乙酸（NAA）和吲哚丁酸（IBA）对西瓜进行试验。

他夜以继日地学习、研究、实践，经过反复试验，终于在1938年培育成功大小正常、品质优良的无籽西瓜。在同年的美国园艺学会年会上，黄昌贤报告了这一成果，阐述了培育的方法，提出用化学药剂处理普通西瓜的植株，可促其染色体倍增，产生四倍体植株。再采用萘乙酸混合其他激素涂抹花的柱头，便能获得果形大小正常、完全无籽的西瓜。他用这种激素处理的黄瓜、辣椒等，经专家鉴定，认为所结无籽果实都比古斯塔佛逊的要好。

但是，由于黄昌贤所育成的西瓜果实小、成瓜率低而没有用于生产。

1942年，日本人运用生物学原理首次培育成功三倍体无籽西瓜，才使得无籽西瓜商品化。而今市场上的无籽西瓜都是三倍体的。

无籽西瓜不同于无籽番茄

无籽西瓜通常是用种子种出来的，但这个种子并不是普通的种子，而是自然的二倍体西瓜与经过诱变所产生的四倍体杂交后所形成的三倍体西瓜中的种子。因为它是三倍体，所以没有繁殖能力，也无籽。

培育无籽西瓜具体的方法为：通常先用秋水仙素来诱导出四倍体西瓜，然后将四倍体西瓜和普通的二倍体西瓜进行杂交，它们所产出的三倍体便是无籽西瓜。

无籽西瓜的上一代通常是有籽的，它之所以会变成无籽西瓜，主要是因为它的种子被改变了。

无籽番茄与无籽西瓜的培育过程不同。无籽番茄之所以无籽，是因为在人工的操作下，使它无法进行受精作用造成的。

无籽番茄利用的是生长素促进果实发育的原理。果实一般分果皮和种子两部分，我们吃番茄时主要吃的就是它的果皮部分。果皮是由子房壁发育而来的，种子是由胚珠发育而来。种子在发育过程中会产生生长素，生长素能够促进子房壁发育成果皮。在培育无籽番茄时，我们不让番茄授粉，这样就无法形成种子，也就产生不了生长素。但是由于在雌蕊柱头上涂抹了一定浓度的生长素或生长素类似物，这样虽然没有发育的种子产生的生长素，子房壁照样可以发育成果皮，于是形成的就是无籽果实。

单倍体是由配子不经受精作用直接发育成的个体，因此它的体细胞中只有本物种正常体细胞中染色体的一半，与本物种配子中的染色体数目相同。无籽番茄由子房壁发育而来，子房壁是母本的一部分，子房壁细胞就是母本的体细胞，因此它虽然没有经过受精作用，但也不应该属于单倍体。

美妙的双螺旋结构

生物学界的双子星

英国剑桥大学有个著名的卡文迪许实验室，在整个 20 世纪，竟然产生了 29 位诺贝尔获奖者，成为科学史上的佳话。

▲沃森和克里克

沃森和克里克都是卡文迪许实验室的一员。两人的年龄、学历、性格相差甚远，但这并不影响他们成为好搭档。当沃森来到剑桥时，35 岁的克里克只是一名研究生，而 23 岁的沃森已经有了博士学位。他们都对“分子结构如何储存遗传信息”这个问题很感兴趣，通过不断地碰撞，终于完成了 DNA 分子结构的研究。

克里克是个“大嗓门”，尤其喜欢跟其他科学家分享自己的新发现。无论是沿着河边散步，还是在老鹰酒廊聊天，他都一口气能说好几小时。他思维敏捷、见解深刻，能够在极短的时间内设计出一系列证实自己解释的新实验，然后迫不及待地与人分享。这种做法通常会引起其他科学家对他的恐惧，特别是那些尚未成名的同辈人。因此，在一些人眼里，克里克就是个狂妄自大的家伙，但沃森并不这么认为。沃森在清华大学有一次著名的演讲，他说道："我喜欢跟聪明人打交道，克里克对我而言是一个巨大的、正面的影响，他对我就像对待弟弟一样。"显然，沃森很享受跟克里克的交流，因为克里克是圈子里最聪明的那个，而且热衷于分享自己的收获，这将对合作的成功产生巨大推动力。

搞科研异常执着的克里克在沃森眼里是理想的研究伙伴，也是真诚的朋友。沃森说："我将永远缅怀弗朗西斯，记住他高人一筹、专注于一点的智慧，记住他对我的友善和对我树立信心的帮助。"

1953 年，他们发现了脱氧核糖核酸（DNA）的双螺旋结构，人类这才第一次触及我们赖以生存的基因，窥探到伟大生命的一点秘密。在此基础上，克里克进一步分析了DNA在生命活动中的功能和定位，和弗农·英格冉姆一同发现了遗传物质在决定蛋白质特性上的作用，因此被誉为"分子生物学之父"。

有人认为，孟德尔和克里克是历史上生物学家中最聪明的两个人。也许克里克并不是最聪明的科学家，但他拥有一名优秀科学家所具备的最重要的品质：敏锐的洞察力和坚忍不拔的毅力。这个被称为"20 世纪的达尔文"的人是 20 世纪最伟大的生物学家。虽然他离我们的正常生活似乎很遥远，有些人永远不关心DNA到底是圆形结构还是方形结构，但正是这些热爱科学的少数人打开了整个人类新世界的大门。

发现DNA双螺旋结构的曲折历程

在科学史上，一个重大发现的诞生，常常是曲折复杂的。

DNA双螺旋结构的阐明，是 20 世纪最重大的自然科学成果之一。

沃森和克里克双螺旋模型的建立，揭开了现代分子生物学的序幕。

1868年，24岁的瑞士医生米歇尔首先发现核酸，但因为不同生物的核酸性质过于接近，无法解释生物遗传的多样性而与遗传物质的发现失之交臂。当然，现在我们知道核酸就像一本书，所有的书看起来外形都差不多，但里面的内容可是截然不同。

1929年，美国生化学家、核酸研究领域的权威莱文阐明了核苷酸的基本结构，但同时又提出一种“四核苷酸假说”。认为核酸由等量的四种核苷酸构成，就像糖原一样，不可能有什么重要功能。这种看法妨碍了科学家们对DNA的探索。

1950年，美国生化学家查盖夫（Erwin Chargaff）采用纸层析、分光光度法等精确测定了多种生物的碱基组成，才彻底推翻“四核苷酸假说”，并提出“查盖夫规则”，为发现双螺旋模型中碱基互补配对原则提供了理论基础。

1950年，威尔金斯首先采用X－射线衍射技术分析DNA晶体。他改进了衍射技术，得到了清晰的DNA衍射照片。沃森正是看到了他的照片，才深受启发，决定通过X－射线衍射技术来研究DNA结构。而且，双螺旋模型的关键——富兰克林的衍射照片，也是由威尔金斯拿给沃森看的。

▲沃森、克里克和他们的DNA结构模型

1952年5月，女科学家富兰克林在实验中获得了一张非常清晰的B型DNA衍射照片（见右图）。

1953年1月，沃森访问国王学院时看到了富兰克林获得的DNA衍射照片，立刻领悟了双螺旋模型的关键。他在回忆录《双螺旋》中写道：“在看到图片的瞬间，我目瞪口呆、心跳加速，图片上占主要位置的黑色十字映像只能从螺旋结构中产生。”由此，沃森和克拉克很快洞悉了令他们朝思暮想的DNA结构：两条以磷酸为骨架的链相互缠绕形成了双螺旋结构，氢键把它们联结在一起。

1953年4月25日，《自然》杂志同时发表3篇文章，分别属于沃森和克里克、威尔金斯以及富兰克林。沃森在论文中承认“得到威尔金斯博士、富兰克林博士尚未发表的实验结果和思想的鼓舞”；威尔金斯和富兰克林都在论文中表示自己的数据与沃森和克里克的模型相符。

1958年4月，富兰克林英年早逝，年仅37岁。

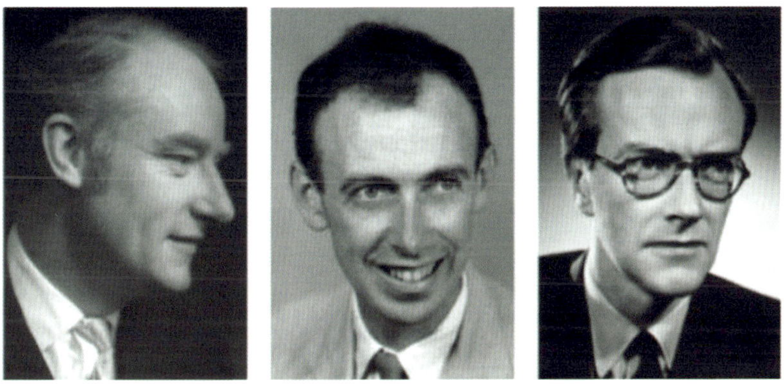

▲1962年荣获诺奖的克里克、沃森和威尔金斯

1962年，沃森、克里克和威尔金斯分享了诺奖。

双螺旋结构揭示出DNA分子在细胞分裂时能够自我复制，完善地解释了生命体要繁衍后代，物种要保持稳定，细胞内必须有遗传属性和复制能力的机制。这是生物学的一座里程碑——分子生物学时代的开端，怎样评价其重要性都不过分。

利用基因技术实现育种的突破

DNA 双螺旋结构的发现，极大地震动了学术界，启发了人们的思想，也为遗传育种学开辟了全新的方向。从此，人们立即以遗传学为中心开展了大量的分子生物学的研究，开启了分子生物学时代，使遗传的研究深入分子层次。由此，“生命之谜”被打开，人们越来越清楚地了解到遗传信息的构成和传递的途径。

基因控制着生物的遗传特性

1967 年，遗传密码全部被破解。科学家们意识到，基因实际上就是DNA 大分子中的一个片段，是控制生物性状的遗传物质的功能单位和结构单位。在这个单位片段上的许多核苷酸不是任意排列的，而是以有含意的密码顺序排列的。一定结构的DNA，可以控制合成相应结构的蛋白质。

在以后的 50 多年里，分子遗传学、分子免疫学、细胞生物学等新学科日新月异地发展，一个又一个生命的奥秘从分子角度得到了更清晰的阐明，为利用生物工程手段的研究和应用开辟了广阔的前景。在此基础上相继产生了基因工程、酶工程、发酵工程、蛋白质工程等。

现在，人们已经开始向控制遗传机制、防治遗传疾病、基因编辑等更大的造福于人类的方向前进。

遗传是种子背后的本质，正是这些遗传学的革命性进展，人们才能看到藏在一粒种子背后的深层世界，从而也为育种学提供了理论基础，为农作物的育种实践指明了方向。

向日葵为什么总是向着太阳?

向日葵不但具有重要的经济价值，还是向往光明之花，给人带来美好希望。向日葵广泛种植于美洲、欧洲及亚洲的70多个国家。由于其花型美丽、色彩鲜艳而受到人们的喜爱。而今，人类已经培育了大量形态各异、色彩丰富具有不同利用价值的向日葵品种。

自古以来，向日葵总是让人类感到好奇，它为什么总是向着太阳?这一问题，显然也激发过无数人的联想和探索。然而，只有从达尔文时代开始，随着遗传学的发展，借助于对基因的理解，人们才能一点点揭开其中的奥秘。

最新研究发现，向日葵的向阳性由几个小小的基因控制。在白天，与生长素合成相关的基因在向日葵茎秆东侧大量表达，随着该基因的持续表达，向日葵的花盘也逐渐由东方慢慢转向西方；在夜间，另一个与吲哚乙酸合成通路相关的基因在向日葵茎秆西侧大量表达，促使向日葵的花盘缓慢地由西面转向东面，迎接太阳的再次升起。

转基因技术

基因是携带有遗传信息的DNA片段，而转基因技术，则是指利用基因工程技术，把一种生物具有的带有人们期望的遗传性状的基因，转移到另一种生物体中，从而赋予后者新的性状，并能把这些性状遗传下去的技术。

以玉米为例，1980年以后，美国将转基因技术应用于玉米杂交育种。1990年以后，美国培育出一批抗旱、抗病、抗虫、抗除草剂的转基因杂交玉米，产量、品质、效益远远高于传统杂交玉米。

在我国，作为重要的粮饲兼用作物，玉米产量对于我国粮食安全具有重要意义。然而，虫害和草害严重危害玉米的产量和品质，虫蛀玉米易受真菌侵染，产生的真菌毒素更会危害人畜健康，影响仓储质量。近年来，更令人忧虑的是草地贪夜蛾的连年入侵，玉米正是其危害的主要作物。而以上这些问题，利用转基因技术便可迎刃而解！

目前全球转基因作物绝大部分转入的是抗虫或耐除草剂基因，还有少数品质改良（比如，高油酸大豆）、抗寒抗旱等相关的基因。很多人都对转基因作物的食用安全心存疑虑。以转基因抗虫玉米为例，科学家主要是为应对虫害，在玉米基因组内转入了Bt蛋白基因。这是一种只对玉米螟等害虫会产生作用的蛋白，多数科学家认为它对于人类来说是无害的。

自 2008 年以来，我国培育了一批具有产业化前景的抗虫、耐除草剂转基因玉米。这些成果入选了“十三五”十大农业科技标志性成果。

基因剪刀与基因编辑

2020 年，两位女性——埃曼纽尔·卡彭蒂耶和詹妮弗·杜德纳因“开发基因组编辑方法”而获得 2020 年诺贝尔化学奖。

这是历史上第一次诺贝尔化学奖由两位女性科学家获得。埃曼纽尔·卡彭蒂耶 1968 年出生于法国奥尔维河畔尤维斯，1995 年毕业于法国巴黎巴斯德研究所。杜德纳在 1964 年生于美国华盛顿特区，于 1989

年从美国波士顿哈佛医学院毕业。

卡彭蒂耶和杜德纳在2012年开发了基因技术中最犀利的工具之一——RISPR/Cas9，被形象地称为“基因剪刀”。使用这些，研究人员能够非常高精度地改变动物、植物和微生物的DNA。就像人们可以对文字进行删除、增加或修改一样，借助基因剪刀这一技术手段，科学家们可以实现对DNA中基因排列的删除、增加或修改。

“这种遗传工具拥有巨大的力量，这影响到我们所有人。它不仅使基础科学发生了革命性变化，而且产生了创新作物，并将开创新的疗法。”诺贝尔化学委员会主席克拉斯·古斯塔夫森说。

值得一提的是，自从卡彭蒂耶和杜德纳发现CRISPR/Cas9基因剪刀以来，它们的使用量激增，为基础研究中的许多重要发现做出了贡献。植物研究人员已经能够开发出可抵抗霉菌、害虫和干旱的农作物。

在医学上，新的癌症疗法的临床试验正在进行中，能够治愈遗传性疾病的梦想也很有可能成真。毫无疑问，卡彭蒂耶和杜德纳的发现将生命科学带入一个新时代，产生了革命性的影响，并在许多方面为人类带来了巨大的利益。

说说转基因

科学家们利用转基因技术，完成了很多过去不可想象的工作，帮助人们解决了一些重要的问题。但事实上，在现实生活中，人们对转基因作物更多的是持有反对意见，其中原因是什么呢？事情的真相到底是什么呢？

和大多数其他事情一样，转基因生物的问题并非许多人说的那样非黑即白，重要的是如何使用它们。转基因生物本身既不会拯救世界，但也不会毁灭世界。

化解马铃薯枯萎病引起的灾难

对于爱尔兰人来说，19 世纪 40 年代，是一段难忘的历史。

当时的爱尔兰，农村人口严重依赖马铃薯作为食物，但一场罕见的名叫枯萎病的真菌病害袭击了他们的马铃薯。枯萎病很容易随风雨传播，迅速感染临近的植株，造成马铃薯歉收甚至绝收。

在当时的条件下发生枯萎病是灾难性的。由于缺少食物，这场灾难死亡人数达到了 100 万，约占该国总人口的 15%；另有 150 万人在随后逃离，再也没有回去，这导致爱尔兰人口剧减。

直到 19 世纪 50 年代，大范围的马铃薯枯萎病才最终结束，但它并没有完全消失。即使在今天，枯萎病仍然是普通马铃薯种植者必须小心应对的重大病害之一，每年给全球马铃薯产业造成的损失高达 300 亿元左右。

有些马铃薯品种经过自然选种，或许可以培育出对枯萎病具有一定抵抗力的品种，但这可能需要几十年的时间。所以，现实是农民仍然需要喷洒大量的农药来进行预防或防治这种病害。

基因技术的发展给对付马铃薯枯萎病带来了希望。2015 年，这种保持了多年的状况终于被打破，因为一种新的可以有效应对马铃薯枯萎病的转基因品种被开发出来。科学家们利用野生马铃薯抗枯萎病的基因，精确地改造了普通马铃薯的一个版本，被称为“内生马铃薯”（innate Potato）。据统计，在种植这种马铃薯后，喷洒杀菌剂的数量可减少 80%~90%，这为马铃薯种植者节省了大量的时间和金钱。

在支持转基因的人士看来

在支持转基因生物人士的眼里，转基因能够帮助人类对抗饥饿和气候变化，而且它是完全无害的。当然，在网络上有大量的文章和视频宣扬这样的观点。

转基因生物是使用基因工程方法改变的生物。基因工程涉及的关键步骤有以下几步：首先是确定某种需要的性状，并将这种性状分离出来。然后将该性状编辑到所需生物体的遗传基因中进行繁殖。今天市场上大多数转基因作物都被赋予遗传特性，以提高它们的某种特性。如对干旱的耐受性或对病虫害的侵染，如前面我们讲到的抗枯萎病的转基因马铃薯。

转基因领域一个重要例子是抗虫性，例如，大家耳熟能详的BT玉米。BT玉米是一种抗虫转基因玉米品种。玉米种植者在种植玉米时，会面临许多虫害的挑战。其中最具破坏性的是蛀茎、吃食叶片这一类的害虫，如玉米螟等。为防治玉米螟和玉米螟造成的产量损失，每年就高达几十亿甚至上百亿，因此人们也戏称玉米螟为“亿元虫子”。

在转基因玉米品种出现之前，对于玉米螟的防治，人们只能通过喷洒杀虫剂。但从1996年开始，人们引入对玉米螟有抗性的转基因玉米。这些转基因玉米源自土壤中的细菌苏云金芽孢杆菌产生的蛋白质，因此得名BT玉米，其最大的好处有两点：一是玉米作物不会被这些害虫破坏；二是需要更少的杀虫剂来对抗它们。研究表明，当种植BT玉米或类似作物时，杀虫剂的使用量会明显减少。

在世界上许多地方，转基因作物还可以避免营养不良。30年来，维生素A缺乏一直被认为是一个重大的公共卫生问题。这个问题在以大米为主食且饮食多样性受限的人群中尤为严重，因为大米中含有的微量元素较少。维生素A缺乏是导致儿童失明的主要原因，并会增加患病和死亡的风险。

为了解决这个问题，科学家们设计了所谓的黄金大米。这种大米生产β-胡萝卜素，它是维生素A合成的前提。它与胡萝卜中的色素相同，每天只需一碗黄金大米，就可以预防维生素A缺乏症。你永远不能证明一种食物是百分之百的安全，我们只能说到目前为止，这种食物从来没有发现对人有任何危害，转基因作物同样如此。

目前已经有超过500项科学研究正在寻找转基因作物对人类健康的决定性风险，但都没有找到。

以具有抗虫性的作物为例，许多研究证明，BT毒素只能在碱性环境中起作用，需要昆虫肠道中的特定酶和受体才能产生毒性。而人类的肠胃属于酸性环境，缺乏这些酶和受体，因此不受BT晶体蛋白的影响。

转基因食品在正式推广之前，是需要经过一系列测试的。首先通过模拟人类肠道中转基因蛋白质的行为，以查看蛋白质在消化过程中是否会降解。或者更确切地说，是在实验室老鼠等动物模型上测试转基因作物。

老鼠首先被喂食转基因作物或含转基因蛋白质的单餐，以测试急性毒性。然后，老鼠被反复喂食转基因食品 90 天，有时甚至长达一年，以测试慢性毒性。

尽管像这样的许多研究，并未从实验中确凿地证明转基因食品对人体有任何伤害，但仍然让很多人反对。

反转基因人士的看法

因为它是实验室制造的，而且通常将病毒或细菌植入这些转基因作物中，这个过程本身是有缺陷的。它们对人体有毒，会让人患上癌症——这是我们随处可见的观点。

在这场有关转基因的旷日持久的争论中，似乎反转基因占据了上风，而这种公众情绪也会影响政府的决策，无论是好是坏。

2013 年，反转基因人士摧毁了菲律宾黄金大米的田间试验，使得这项技术差点儿流产。很多人之所以反对转基因，并不是基于某种确切的根据，而是网络片面信息的引导。所以，我们至少应该思考一下，我为什么会反对？但完全认为转基因是有益的也是不诚实的，下面这个事例就能很好地说明。

虽然BT等转基因作物确实减少了杀虫剂的使用，但任何事情总有两面性，世界上最常见的转基因作物类型之一是对除草剂特别是草甘膦具有抗性的作物。抗农达是孟山都公司专利的转基因作物种子系列的商标，这些种子对基于草甘膦的除草剂具有抗性。因此，与我们之前讨论的BT作物相反，种植抗农达作物意味着农民可以在种植的作物上毫无顾忌地使用更多的除草剂。

一项研究表明，平均而言，种植耐草甘膦转基因大豆和种植非转基因大豆相比，多使用了28%的除草剂；另一项研究表明，自1996年引入抗草甘膦作物以来，全球草甘膦的使用增加了近15倍，而且草甘膦对人类和环境危害巨大。草甘膦会遗留在土壤和附近的水域，影响野生动植物，最终会损害食物链。经过多年的调查取证，世界卫生组织最终宣布，草甘膦可致癌。而其他研究也指出草甘膦能对线粒体和大脑功能及动物模型产生影响，这项研究目前仍在进行之中。人们越来越担心，除草剂中的化学成分对人类长期的影响，尤其是对每天使用这些除草剂的人的影响。

也正因为此，孟山都卷入了诉讼。有人指控使用抗农达种子是导致他们致癌的主要原因，法院最终判决孟山都公司支付20亿美元的赔偿，并且这样的案件已经发生多次。

从以上事例我们可以看出，关于转基因生物，是一场微妙的争论。毫无疑问，我们应该批评孟山都和类似这样的跨国公司，因为它们利用转基因从事很多不当的商业行为。但是说转基因生物有害就像说互联网有害一样，你可以以有害的方式使用这项技术，但也可以为数百万人做出有益的事情。

当然，我们应该质疑转基因生物在我们的粮食供应中究竟应该扮演什么角色。但像很多人一样明确反对转基因生物，是简单化和误导的。我们社会的未来与食品的未来息息相关，转基因作物只是我们维持世界不断增长的人口的众多方法之一。

育种家的工作方式

改革开放以来，我国农业迅猛发展，种植面积的扩大和产量的增长背后是国内不断进步的育种技术。其中有国内外新技术的贡献，更有中国育种家的付出。

原原种、原种和良种

育种家种植培育成功之后的种子叫作“原原种”。我们用“原原种”繁育的种子叫“原种”，繁育的种子在三代之内都叫“原种”。

“原种”繁育出来的才是农民们所使用的“良种”。

种子的培育是十分烦琐费钱的事情，所以“原原种”“原种”都是十分珍贵的。它们的价值远远高于良种，但这不是因为比“良种”产量高，而是因为其遗传性较为稳定。

驯化和改造植物的方法

育种家们培育良种的主要手段是杂交育种，之后随着物理学和化学工业的发展，育种学家们又发明了人工诱变育种。

随着遗传机制的阐明，利用基因工程技术育种成为效率最高、发展最快的育种方式。

按照时间先后顺序，人类驯化和改造农作物或其他植物的方式主要可以分为以下三类。一是传统杂交育种。传统杂交育种过程是通过品种间杂交，在杂交后代中筛选具有优良性状的新个体，直至获得性状稳定的新品种。且杂交育种仅限于同一个物种内或亲缘关系比较近的同属的不同物种内。杂交后代的新性状可能单独来自父本或母本，也有可能来自父母本的组合。

传统的杂交育种会产生性状各异的后代，包含了符合人们预期以及与期望差距较大的性状。这一切源于父母本DNA的随机组合。虽然人们可以控制父母本，但是无法改变遗传规律，从而导致后代性状的不可控。因此，传统杂交育种耗时耗力，需要进行大量的父母本杂交组配筛选符合目标性状的子代，再经过多年的追踪获得性状稳定的新个体。通过杂交培育一个新品种一般需要 12~15 年。

二是人工诱变育种。在自然界，任何生物体都有可能发生基因变异，并因此产生新的性状，包括一些人类想要获得的性状，但过程缓慢。1940 年，作物育种科学家们发现，辐射或化学物质处理等因素可以诱发植物基因产生变异，从而在短时间内获得具有不同表型特征的植株，并从中筛选具有优良性状的农作物，即人工诱变育种。

自 1940 年到 1970 年，人工诱变育种得到广泛应用。据统计，人类获得了超过 2500 种具有新性状的农作物，包括大米、小麦、生菜、葡萄柚以及一些其他水果。然而，人工诱变虽然提高了基因变异频率，加快了育种进程，但产生的基因变异具有不定向性，有利变异少；需要对大量材料进行诱变处理，从中筛选目标性状，工作量很大，且诱变剂多

为有毒物质，会对人体健康和环境安全带来危害。

三是转基因育种。随着分子生物学技术的发展，特别是DNA重组技术的诞生，科学家们已经可以将一个或者几个已知功能的基因导入某一生物体内。例如，1978年，利用基因重组技术，科学家们完成了人造胰岛素的合成；1988年，人造凝乳酶获批用作食物添加剂。

随后，这一技术应用于作物育种，将产生或控制某一优良性状的基因，导入待改造作物的基因组内，从而获得具有该优良性状的新作物——我们称为“转基因作物”。转基因育种可以跨越物种隔阂、拓宽基因来源，实现目标性状的精准改良，效率更高、针对性更强。

其实转基因育种技术与传统育种技术、人工诱变育种技术是一脉相承的，本质都是通过改变作物基因来获得我们需要的优良性状；区别只是让作物获得目的基因的方法不同罢了。

育种成功的条件

首先，育种需要建立在种质资源的基础上。种质资源被称为育种的“芯片”。与水稻、小麦等不同，玉米起源于美洲。我国玉米种质资源并不丰富，并且种植区域广泛，需要更多不同类型的优异基础材料才能满足育种需求，需要在资源收集、精准鉴定、技术应用方面下大功夫。

目前我国国家种质库保存玉米种质资源已有比较雄厚的基础，实施联合攻关5年来，在优异种质资源筛选、创新、机收品种选育和品种测试等方面取得显著进展，但仍需业界共同努力。

国际合作是重要方式。近年来玉米种业国际合作不断加深。其中，隆平高科引进美国、巴西优质的温带、热带玉米种质资源，选育适用于国内的优质品种。

随着时间流逝，人们逐渐意识到，自己是一个更大的科学共同体的一部分，我们每一个人，都在自己的道路上探索着大自然的真相。每前进一小步，感觉好像又找到了一小块拼图，而这些都是一个更大的拼图游戏的一部分。我们每一个人的工作都依赖于前人的工作，它们相互关联，拼出更大的图章。

其次，育种要立足关键技术。关键核心技术创新短板有待补齐。国家玉米产业技术体系首席科学家、中国农科院生物技术研究所所长李新海表示，我国在基因编辑工具、全基因选择算法、合成生物元器件等关键核心技术等方面原创不足，重大装备和大数据系统缺乏。下一步要突破前沿高新技术，推动传统育种技术改造升级，实现育种精准化、智能化和工程化。

“十三五”期间，我国80%以上的审定品种是通过常规育种选育。对常规育种和生物育种要统筹兼顾。当前，关键要在保持常规育种优势的前提下，更加突出现代生物育种的创新和应用。农业农村部副部长张桃林说，要在尊重科学、严格监管的基础上，有序推进生物育种产业化应用，在关键核心技术上实现突破。

面积扩大产量增加，离不开育种家的贡献。

种子的危机

人类驯化种子的过程虽然比较顺利，但不是一片坦途。事实上，粮食危机和安全一直是困扰全球的大问题。在人类历史的长河中，因为各种原因导致的粮食匮乏屡屡威胁到人类生存。时至今日，这个问题依然存在。

以 19 世纪中叶的爱尔兰土豆危机为例。16 世纪后，土豆从美洲传入欧洲，这对欧洲人口的增长起到了很大的促进作用。然而，在 19 世纪 60 年代，爱尔兰突然暴发马铃薯枯死病，间接造成 100 多万人死亡，几百万人被迫离开家乡逃往美国和其他国家。这场浩劫的根源，就是因为当时爱尔兰人种植的土豆品种太过单一，在疫病面前十分脆弱。

数年前，湖南“黄金玉米案”的曝光也让国内开始注意到种子危机的问题。据调查，目前国内水稻、小麦两种最基本的口粮作物完全是自主选育品种。但由于国内玉米、大豆、马铃薯等品种的单产水平还比较低，因而从国外进口种子比较多。尤其一些高端品种的蔬菜种子，也以进口为主。

在不断引进国外品种的过程中，很多本土种子品种逐渐消失，这是非常可惜而且要引起警惕的。从这个意义上说，国家需要高度重视本土种业的发展问题，既要加快自主产权品种的培育，也要加强品种保护。

种子危机问题并不仅限于国内，它同时也是一个全球性问题。由于人类的贪婪和无知，很多地区的生态都遭到破坏，植被面积急剧缩小。植物栖息地的丧失，使植物失去了赖以生存的家园。植物多样性被削弱后，由此也埋下了种子危机的

“种子”。

不可否认，地球上有着丰富的植物资源，其中还有许多具有潜在经济价值的物种尚未被人类驯化。但反过来说，一种植物从地球上消失，人类失去的并不仅仅是植物本身。因为一种植物的灭绝，它引发的一系列连锁反应，往往会导致一些相关生物的生存危机。从这个意义上说，种子危机是全人类的危机，也是整个地球生态系统的危机。

这里的死亡静悄悄

能随口说出几种已经灭绝或濒临灭绝野生动物的人，一定不在少数，但他们不一定能说出已经灭绝的植物或濒临灭绝的植物。包括人类在内，数以百万计的其他物种的生存都有赖于植物。

植物惊人的灭绝率

2019 年 6 月 10 日，顶级国际期刊《自然》（*Nature*）以当日头条在线发表了题为《全球最大植物调查揭示惊人的灭绝率》的论文，揭示了一个令人触目惊心的问题。

这篇文章强调指出，自 1900 年以来，世界上的种子植物以每年近 3 种的速度消失，这比仅靠自然的力量——如自然演化、物种竞争高出 500 倍。

研究人员发现，自 1753 年卡尔·林奈的《植物种志》出版以来，已有大约 1234 种植物物种灭绝。这些物种中，有一半以上被重新发现或重新分类为另一种生物物种，这意味着仍有 571 种物种被推测为灭绝。

但考虑到自然界还有很多尚未被发现的物种在被发现之前就灭绝了，此外，还有很多物种属于“功能性灭绝”，仅活在植物园或者在自然界已经非常稀少，所以物种在自然界灭绝的真实速度应该还要更高。

由于人类对生物栖息地的改变——如过度砍伐、过度猎捕、过度使用农药、建设水利工程、外来生物入侵等，使得当今全球生态多样性急剧下降。以生物多样性著称的夏威夷也备受考验。

每种植物都有价值

在实用主义者看来，保证养活人类的物种安全就好，挽救那些稀少的野生植物到底有什么用?

学名为Zeadiploperennis的玉蜀黍野生种，是玉蜀黍属植物的一个野生“亲戚”，它与我们日常见到的玉米有很大的不同。1970年，一名墨西哥大学生在墨西哥中部的哈利斯科州的山区发现了它。这是一种能抗疾病的野生种，它的基因要是被转移到已培育的玉米种上，可让当时全球玉米产量的收益增加数十亿美元。

这个原生种可谓生逢其时，被及时发现和保留了下来，因为它仅仅分布于面积约10公顷的山区一角。被发现后的一个星期，这片山地的植被和昆虫就沦为刀下鬼、火中灰。

世间的生灵并不总是这么幸运。“社会生物学”奠基人、美国著名博物学家爱德华·威尔逊慨叹：“我们可以很有把握地臆断，还有极多其他有益但尚未为人所知的物种。”而在人类认识它们之前，许多物种就已经在这颗星球上消失了。

爱德华·威尔逊是最早宣传“生物多样性”概念的人之一。威尔逊在他的著作中还随手举了两个例子：在索马里，一种仅剩 20 株的禾草，能为世界含盐沙漠带来绿色和饲草；在遥远的安第斯山谷地，有一种栖息在兰花上的甲虫，能分泌一种能够治疗胰腺癌的物质。威尔逊是在 1992 年出版的《缤纷的生命》中讲这些故事的。近 30 年来，地球这个巨大的聚宝盆中，又有多少物种在消失，多少生灵前途未卜？

一个物种在生态系统中是具有功能的，是与其他生物有互动的。有的物种向动物提供了蜜源、果实，甚至本身就是其他物种的食物；有的物种向其他动植物提供了荫蔽、遮挡等栖息环境；有的物种历经千万年进化，能在极端干旱、寒冷的环境中生存，无论从生态系统的功能性还是遗传资源的特殊性来说都有独特和尚未被人类认知的价值。它们的消失是生态系统中物种多样性的损失，也是地球上遗传资源多样性的损失，其影响虽然不直观，但是不可估量。

一个物种的灭绝，影响到的远不只是这个物种本身

一个物种的灭绝，影响到的远不只是这个物种本身。人的衣、食、住、行——物质文化生活的各个方面都与生物多样性密切相关。植物物种灭绝会影响未来的食物来源和工农业资源，土壤肥力以及水质遭到破坏，影响药物来源。

——影响未来的食物来源和工农业资源。生物多样性为我们提供了食物、纤维、木材、药材和多种工业原料，我们的食物全部来源于自然界。生物多样性遭到破坏之后，这一切都无法得到保障，必然影响人们的生活质量。

——土壤肥力以及水质遭到破坏。生物多样性还在保持土壤肥力、保证水质以及调节气候等方面发挥了重要作用。

——影响了自然界的生态平衡。在自然界，生物与生物、生物与非生物之间组成了一个整体。它们相互依存、相互制约，保持着一种生态平衡。因此，生物多样性锐减必然导致生态系统的破坏，给人类带来意想不到的灾难。

——影响药物来源。中医以及其他传统医学依赖植物和药草治疗疾病已经有很悠久的历史，许多新兴药物也不断地被科学家从植物中发现。生物多样性的锐减必然使许多药用植物的来源减少。

一个物种，就是一座基因宝库

有生物学家估计，如果没有人类活动的干扰，在过去2亿年中，平均大约每27年才有一种被子植物灭绝。近百年来，由于人类干扰栖息环境，它们灭绝的速度提高了上百倍。

从生物基因的角度看，每失去一个植物物种，就意味着失去了一种独特的基因库，这对人类无疑是一种不可估量的巨大损失。

袁隆平的杂交水稻一个重要种质资源来源于海南的一种野生稻。20

世纪 80 年代，云南省 26 个地方存在的野生稻居群，如今在 24 个地方已经消失。

另一个佐证是，20 世纪 50 年代末，美国大豆感染了囊孢线虫病，使其大豆生产濒于毁灭。后从野生大豆种质资源中筛选出抗囊孢线虫病的“北京小黑豆”，育成了高产抗病新品种，从而挽救了美国的大豆产业，并使其大豆产量跃居世界第一位。

世界末日种子库

在挪威，有一个“世界末日种子库”，于2008年冬天建成。

2004年，联合国《粮农植物遗传资源国际公约》正式生效，也为建立全球种子库提供了切实可行的框架。挪威欣然接受了这个为全人类谋福利的工程，开始了全球种子库的建设。

天然大冰箱

斯瓦尔巴群岛是挪威的属地，但南距挪威大陆北海岸还有657千米，位于北冰洋上的北极圈内，气候寒冷，拥有永久冻土地带。种子库所在地距北极点只有1000多千米，它是一座天然冰箱，能使种子处于低温环境中。这非常适合种子的长期储藏，而不受气温变化的影响。

种子库建于永久冻土带的地下，室外用1米厚的隔温混凝土板保温，常年维持零下18℃。即使意外停电，也能常年保持低温。室温要在200年后才能缓慢升至0℃，可承受里氏规模6.2级地震与核武器攻击。其位置高于海平面130米左右，即便格陵兰的冰盖融化，或者南极洲的冰层完全消融，海平面上升61米，它也会安然无恙。

可保存上千年

粮仓总长120米，洞内面积约1000平方米，分为三座储藏室。每个储藏室约270平方米，内有金属架，可存放150万个样本容器，而每个样本将保存约 500 粒种子。这些种子包含了世界上所有已知的作物种类。用来包裹种子的是一种银色的新型种子袋，名叫“劳斯莱斯种子袋”，每包裹有 500 粒种子。它由特殊金属箔片和其他先进材料制成，可以让种子在干燥和冷冻的状态下长久保存。

要想保存这些“末日种子”的活性，储藏室中的温度必须保持在0℃以下。种子库附近有一座煤矿和一个发电厂，为其运转供应充足的能量。由于配备了大型制冷空调设备，种子储藏室能够长年保持零下18℃的低温。在如此温度环境下，小麦、大麦和豌豆等重要农作物的种子可持续保存长达 1000 年。其中，储存最久的是高粱，大约能存放1.95 万年。

常见种子的驯化历程

我国的粮食生产，在几千年漫长的历史长河中，伴随着种子的选择和培育而发生了巨大的变化。回顾这一变化，可以从另一个角度了解我国的悠久文明，并从先人的智慧中得到启迪。

今天，在自然界大约有 30 多万种植物，其中有 2500 多种为人类所食用，有 150 多种被驯化和栽培利用。我们经常食用的那些主要农作物，它们的种子的起源，都有一些故事。

古代的五谷

“谷”原来是指有壳的粮食，如稻、稷（jì，谷子）、黍（亦称黄米）等外面都有一层壳，所以叫作谷。谷字的音，就是从壳的音来的。五谷原是中国古代所称的五种谷物，后也泛指粮食类作物。

人们普遍认为播种五谷是炎帝发明的。《淮南子·修务训》上说：“神农乃始教民播种百谷，相土地，宜燥湿肥硗高下。”这里的“神农”指的就是炎帝。炎帝生活在距今5000年前，与黄帝并为中国的人文始祖。

“五谷”，古代有多种说法，主要的有两种：一种指稻、黍、稷、麦、菽；另一种指麻、黍、稷、麦、菽。两者的区别是：前者有稻无麻，后者有麻无稻。古代经济文化中心在黄河流域，稻的主要产地在南方，而北方种稻有限，所以“五谷”中最初无稻。

“五谷”本义所指的五种谷物如下：

稻：就是现在比较常见的大米，也是现在很多人的主食。

黍：黍去壳，就是黄米，不是大家所说的小米，比小米大一些，形状差不多，其籽实煮熟后有黏性，可以酿酒、做糕。由于不利于消化，现在也基本上不用“黍”作为主食了。

稷：又称粟，耐旱，品种繁多，俗称“粟有五彩”，有白、红、黄、黑、橙、紫各种颜色的小米，也有黏性小米。中国最早的酒也是用小米酿造的。粟适合在干旱而缺乏灌溉的地区生长。其茎、叶较坚硬，可以做饲料，一般只有牛能消化。现在主食基本上不用“稷”了。

麦：麦子也是大家比较熟悉的，主要分为小麦和大麦。小麦普遍用于加工面粉，大麦常用于食用或制造啤酒。

菽：豆类的总称，包括黄豆、黑豆、红豆、绿豆等，古语云："菽者稼最强。古谓之尗，汉谓之豆，今字作菽。菽者，众豆之总名。然大豆曰菽，豆苗曰藿，小豆则曰荅。"豆类制品也是中国百姓喜欢的食物之一。

另外，也有把"五谷"划分为"天谷""地谷""悬谷""风谷""水谷"的。天、地、悬、风、水所代表的"五谷"并不一定都是粮食："天谷"含如稻、谷、高粱、麦等果实长在顶部的作物；"地谷"含如花生、番薯等果实长在地面下的作物；"悬谷"含如豆类、瓜类等果实在枝蔓上的作物；"水谷"含如菱角、藕等在水中生长果实的作物；唯有"风谷"特殊，指玉米是通过风传播花粉，将顶部花粉吹到作物中节长出的须上从而结出果实的作物。

有句古话是："四体不勤，五谷不分。"这句话的意思是说一个不勤快的人就没有分辨事物的本质了，变相地说一个人懒。因为古时大多数人都是从事农业劳作，不去劳动的人，到了农田也就不认识什么样子的农作物是五谷了，尤其幼苗时样子有点相似就更分不清了。

从历史文献上看，我国很早就有了和粮食管理有关的官员。公元前3世纪，讲述设官分职的《周礼》中"地官·司稼"提到这一级官员负有分辨品种的职责。例如，司稼制度的设计：

"司稼掌巡邦野之稼，而辨穜稑之种，周知其名，与其所宜地，以为法，而悬于邑闾。"

司稼（是地官司徒下边的一级官职），掌管巡视考察近郊和远郊的庄稼，分辨穜（tóng，生长发育期长的、晚熟的谷物品种）、稑（lù，生长发育期短的、早熟的谷物品种）农作物的各类品种，弄清楚各种品种的名称，并了解这些品种适宜于生长的土地。把这些在城乡公布出来，以供民众取法。

五谷杂粮是天赐的养生佳品

“民以食为天”，在中国传统饮食结构中，粮食类的作物是最重要的内容，民间统称为五谷杂粮。

何谓五谷杂粮？

由于时代的演变，在现今我们可以把古代的五谷做新的理解。五谷包括“稻、黍、稷、麦、菽”：稻指的是稻米、糙米；黍指的是黄米或玉米；稷指的是小米；麦指的是大麦、小麦、燕麦等麦类；菽指的是大豆、绿豆、赤小豆等豆类。杂粮指的是除了五谷以外的其他可以食用的种子，例如，南瓜子、薏米、西瓜子、冬瓜子、核桃仁等。

《黄帝内经》说：“安谷则昌，绝谷则危。”又说“五谷为养，五畜为益，五果为助，五菜为充”。认为五谷杂粮才是养生的根本，充分道出了谷类的重要性。中医认为“四时以胃气为本”，“有胃气则生，无胃气则死”，而谷物主食是胃气的主要来源。同时，“安谷则昌”的思想和现代营养学的理论也是一致的。

在中国营养学会发布的《中国居民平衡膳食宝塔》中，五谷杂粮等主食位于宝塔的底端，是整个膳食结构的基础，能维持旺盛的生命力，保证身体健康。

这些五谷杂粮，不仅可以充饥果腹，还有很多平常人意想不到的药效。就拿小麦来说，它可以养心安神、厚肠益脾。张仲景在《金匮要略》中记有一道著名的“甘麦大枣汤”，即用小麦、甘草、大枣，以水煎服，可治疗因情绪抑郁或思虑过度、心脾受损引起的神志不安、悲伤欲哭等症。其他如大麦可和胃宽肠；黑芝麻补肝肾、益精血、润肠燥；燕麦粒益脾、养心、敛汗；黑米开胃益中、健脾暖肝、明目活血、涩滑补精；荞麦能消积开胃；薏米能健脾除湿；绿豆可清热解毒……可以说，五谷杂粮，是上天赐予我们人类最好的健康礼物。

五谷杂粮各有各的益处

杂粮也分性味，各有“脾性”，因此要了解五谷杂粮的“专长”，针对不同的体质，科学食用五谷杂粮，以达到防病延年的目的。小麦、莲子心、绿豆等食物性寒，能清热解暑、祛除热证，有热性症状或者阳气旺盛的人可以多吃；薏米、大麦、小米、荞麦等食物性凉，能降火气，减轻热证，也适用于有热性症状的患者；核桃仁、燕麦、大枣、何首乌等食物性温，有祛寒补虚的功效，适用于有寒性症状的患者；有热性的肉桂等对于有寒性症状的患者也能起到积极的作用；黄豆、芝麻、枸杞子、粳米、芡实、杏仁等食物性平，能补益虚损，开胃健脾，适用于各种体质的人；黑米、大枣、黄豆、山药等味甘，能入脾，有调和脾胃、补虚止痛的作用；山楂、酸枣仁等味酸，入肝，有生津开胃、收敛止汗的作用；大麦、小米、核桃仁等味咸，入肾，能泻下通便、消肿、软坚散结。

现在超市里的食品琳琅满目，可是无论是酸甜的糖果、香浓的零食，还是酥脆的饼干，这些美妙的口感大多来自食品添加剂，长期吃这些肯定是不利于养生保健的。食用纯天然的五谷杂粮不仅不会有危害，还会起到益寿延年的作用。

可能有人会担心口感的好坏。其实，在日常饮食中把五谷杂粮做成不同样式的食品，就能够满足不同人的口味，找到适合自己的健康吃法。

方便快捷的健康吃法

各种各样的五谷杂粮，都有各自的最佳吃法，从而把营养效用发挥得淋漓尽致，但是在我们传统饮食中最为常见的还是粥。中国人爱喝粥，在饮食上选用五谷杂粮的食物熬粥，吃饭时喝上热乎乎的一碗，不仅美味，而且能够蓄养五脏，防病养生。我国古代医学书籍中就记载着许多食疗粥品，比如，《本草纲目》中收载了 62 款食疗粥，《老老恒言》中介绍了 100 种粥品，清朝末期的《粥谱》中记载粥方 200 多种。

比如，常见的山药粥，经常食用，有补脾胃、滋肺肾的功效，能治疗脾虚泄泻、虚劳咳嗽等病症，也适用于体质虚弱者的日常保健；枸杞粥有补肾益血、养阴明目的功效，既能用于防治腰膝酸软、头晕目眩、须发早白等肝肾不足的病症，也能起到抗衰老、延年益寿的作用，特别适合中老年人食用。

我国民间一直以来还有一种饮食习俗，比熬粥更方便，就是把一些五谷杂粮类食物研磨成粉末后，用开水冲调成糊，趁热食用，不仅极为方便，而且味道可口，还有养生保健的作用，这种食用方法颇受人们的喜爱。中医上把这种做法叫作药糊疗法。养生糊加减灵活，制作方法简便。

我们在生活中常见的是黑芝麻糊。很多人都有这样的记忆：小时候，一碗黑芝麻糊承载着更多的母爱，母亲细心地调制出一碗浓香四溢的黑芝麻糊，而我们则迫不及待地想要大饱口福。黑芝麻性味甘平，入肝、肾、肺、脾、大肠经，有补肝肾、润五脏的功效，主治肝肾不足、虚风眩晕、大便燥结、须发早白等症。

五谷杂粮和蔬菜水果溯源

在漫长的人类发展史上，狩猎和采集果实曾是人类主要的生存方式。直到大约 1 万年前，人类驯化了动物和植物，这才使得农业文明得以兴起。在之后的几千年中，粮食与蔬菜、水果产量不断增加，人类也像种子一样在世界各地生根发芽，最终形成了各种民族，人口逐渐增加。

农作物的起源

自然界大约有 30 多万种植物，其中可供人类食用的有 2500 多种，被驯化和种植的有 250 多种。像目前常见的水稻、小麦、玉米等农作物，无一例外都是人类通过种子的选育驯化来的。

一万年前，原始农业从狩猎采集中发展而来，与种子息息相关。最开始，人们发现植物种子落地后，在合适的温度和水分条件下能够生根发芽、开花结果，进而产生更多的果实和种子。于是，人类有意挑出那些能够食用并能结出更大、更多果实的植物种子在合适的季节进行种植。在人们的精心培植下，植物生长越来越茁壮，产生的果实和种子也越来越多。就这样一代接一代地种植筛选后，人类学会了耕作，农业文明也逐步走向成熟。

从早期人类驯化的农作物来看，无论是粟类、稻类、麦类，或是其他粮食作物，有一个共同的规律就是，它们大都属于禾本科。禾本科中包含大量的野草，而人类的粮食作物其实都是从野草中驯化而来的。

判定农作物的起源栽培史，一方面靠历史文献记载，另一方面靠所发掘的古文物资料和与这种作物亲缘关系密切的野生种的分布情况等。

科学家们通过200多年的研究发现，世界有4个农业起源中心区：西亚农业起源中心区、中国农业起源中心区、中南美洲农业起源中心区、非洲北部农业起源中心区。现今社会主要的农作物品种和家养动物品种，绝大部分都是起源于这4个农业起源中心区。

在古代，中国的农作物大体呈现“南稻北粟”的格局。大约在汉朝，随着研磨与发酵技术的出现，小麦种植迅速取代小米，由此慢慢转变为“南稻北麦”新格局。

作为中国南方的主要粮食作物，水稻最早是在中国被驯化的。据学界研究，水稻起源于野生稻，而后者广泛分布在亚洲和我国各个地区。

小麦一般认为起源于西亚，大约在4000年前就已经传入中国。小麦和水稻之外，来源于美洲的玉米是培育较晚的粮食品种。

大豆起源于野生大豆，起源于我国；众多豆类植物则有些起源于我国，有些是引进的。

明清时期传入中国的美洲作物包括番薯、马铃薯、花生、南瓜、辣椒、番茄、向日葵等常见作物。这些作物，大多是从南洋一带传入中国的，并对明清时期的人口增长起到了一定的作用。

常见农作物的引进历史

公元前1世纪，《史记·大宛列传》里有赴外使节寻求苜蓿、葡萄种实的记载：“俗嗜酒，马嗜苜蓿。汉使取其实来，于是天子始种苜蓿、蒲陶肥饶地。”是说大宛民众喜好葡萄（蒲陶）酒，他们的马爱吃苜蓿。汉朝使臣从那里取得种子，于是朝廷开始在都城及附近肥饶土地上种植苜蓿、葡萄。

我们生活中常见的五谷杂粮、蔬菜水果，是维持生命的根基，我们应该对它们多一些关心，了解一下它们的前世今生。梳理一下我国历史上引进的农作物是一件很有趣的事情。

小麦、大麦：公元前2000年在中国种植。

茄子：东汉传入中国，张骞带回。

黄瓜（胡瓜）：原产于印度，由西汉时期张骞出使西域带回中原的，称为胡瓜，因隋炀帝忌讳胡人，将其改为“黄瓜”。

芝麻（胡麻）：张骞带回。

核桃（胡桃）：原产于中亚地带，张骞带回。

胡椒：原产于南印度，张骞带回。

香菜：学名“芫荽”“胡荽”，张骞带回。

蚕豆（胡豆）：公元前1世纪传入中国。

大蒜（胡蒜）：张骞带回，对应中国本地产的小蒜。

葡萄：现广为种植的葡萄种为欧亚种葡萄，张骞带回。

苜蓿：牲畜饲料，张骞带回。

石榴（安石榴）：石指的是石国，都是当时的西域国家中的中亚国家，张骞带回。安指安国，也有一说是在三国时期传入中国的。

西瓜：原产印度，张骞带回。也有说10世纪，契丹人首次从中亚将西瓜带回中国。

菠菜：有说张骞带回，有说7世纪前后由尼婆罗传入中国。（有争议）

茉莉：西晋引进。

开心果：唐代前传入中国。

胡萝卜：宋末元初传入中国。

南瓜（番瓜）：元代有记载。

玉米（番麦）：16 世纪明嘉靖年间前传入中国。

红薯（番薯）：明万历年间传入中国。

向日葵（西番菊）：明万历年间前传入中国。

西红柿（番茄）：明万历年间有记载。

四季豆：明万历年间有记载。

辣椒（番椒）：明末传入中国。

卷心菜（洋白菜）：16 世纪传入中国。

菠萝：17 世纪初传入澳门。

西葫芦：于 19 世纪中叶从欧洲引入。

马铃薯（洋芋）：清康熙年间传入中国。

花生：分小粒型和大粒型两种，现今广泛种植者属大粒型。

番豆：为清代引进。

笋瓜：于 20 世纪 90 年代从日本、中国台湾等地引种栽培。

腰果：20 世纪 30 年代引进。

可可：1922 年传入我国台湾，1954 年引种于海南省。

西洋参：1976 年后在中国北京、黑龙江、吉林、辽宁及陕西等地先后引种成功。

棉花：陆地棉，张之洞于 1892 年在湖北武昌办机器织布厂及纺纱厂时引进。中棉，汉时已有记载。草棉，传入我国新疆的历史大约不会晚于西汉末年。海岛棉，商代遗址有发现，尚无定论。

需要指出的是，中国引进外国作物有一个特点，但凡带“胡”字的，大多是两汉、南北朝时传入中国的。还有一种是带“番”字的，大多为南宋至元明时期由“番舶”（外国船只）带入的。第三种带“洋”字的，洋葱、洋白菜等，可能是清朝末年和民国时期传入中国的。所以，带“胡”“番”“洋”的作物，大体上指示了这些作物传入中国的不同时代。

另外一点要说明的是，上文所说的传入中国主要是指传入中国汉族生活的地区。由于中国疆域广大，有很多少数民族地区可能接受这些物产要早一些。

黍稷事关江山社稷

《全唐诗话》里有一首著名的诗：

春种一粒粟，
秋收万颗子。
四海无闲田，
农夫犹饿死。

古代五谷之首——谷子

8000年前，谷子就已经在黄河流域得到广泛种植。

我国种谷最早，至今谷子的种植面积和产量，仍居世界首位。

我国古代原始农业中，谷子居于首要地位。谷子在我国历史上长期具有较大的种植面积，是人们最常用的食物之一，也因此谷子被古人列为五谷之首。

我国是世界上最大的农作物起源中心之一，种谷有悠久的历史。从山西省夏县西荫村古代遗存中发现的原始谷粒化石推断，谷子的祖先在那一带生长，至少有5万多年历史。在距今6000多年前，我国黄河流域已经大量种植谷子了。

我国殷墟出土的甲骨文里，有很多关于谷子的记载。当时的谷子又名粟，泛称禾。

我国古代原始农业中，谷子居于首要地位。在2000多年前的著名农书《氾胜之书》里，谷子被列为五谷之首。

6世纪贾思勰所著的《齐民要术》里，谷子仍排在五谷之首。直到明代以后，由于水稻、小麦种植面积扩大，玉米、甘薯引入，谷子的种植面积相对减少，但是谷子在我国北方地区人民生活中仍然占有重要的地位。

黍子，一年生草本植物。碾成米叫黄米，性黏，可酿酒。

稷本义指一种粮食作物，但具体指哪一种作物并没有统一的答案。《尔雅正义》指出，北方称“稷”为谷子，它所产的米称为小米。王念孙《广雅疏证·释草》中解释道：“稷，今人谓之高粱。”段玉裁《说文解字注》中引用程瑶田《九谷考》的说法：“稷……北方谓之高粱，或谓之红粱。”在现代，稷是一个独立的物种，由于长期栽培选育，品种繁多，大体分为黏或不黏两类。《本草纲目》称黏者为黍，不黏者为稷；民间又将黏的称黍，不黏的称糜。

稷在古代是非常重要的粮食作物，被当作百谷之长，所以“稷”引申指五谷之神。社稷，原指古代帝王、诸侯所祭祀的土神和谷神。在古代典籍中常用“社稷”来代指国家，中国自古便以农立国，可见农业对国家的重要性，因此历代的君王都很重视对土神和谷神的祭祀。商周以至清代的帝王，均沿袭社稷的大礼，所以，古代的君王为祈求国土平安、五谷丰登，每年都要举行祭祀社稷大典。久而久之，“社稷”就成了国家的象征，渐渐被用来代称国家了。

作为曾经的“五谷之首”，粟在《诗经》等中国古代典籍中被反复提起。夏、商两朝还被称为“粟文化”的王朝，可见粟在当时的重

要性。

商周时期常见的“粟”，是从狗尾草中驯化而来的。狗尾草在亚洲地区有广泛的分布，我国黄河流域也很常见。最早时，古代先民把野生狗尾草作为饲料种植，后来才将它逐步驯化为粮食作物。

当时，中国古代先民就是靠着狗尾草的天然变异，采用系统育种的方法使它彻底脱离野生群，从而成为人们种植并食用的粮食品种。据估计，这一过程或许经过了一两千年。粟被驯化后，因为其耐旱、耐贫瘠、生长期较短等优点，非常适合中国北方旱地种植，由此为中原人口的增加做出了重大贡献。一直到秦朝，粟仍是黄河流域人民的主粮。

狗尾草是谷子的祖先

说到狗尾草，人们的印象便是将其叼在嘴里玩，嬉戏时拿来相互挠痒。那种美好的感觉是不是记忆犹新？殊不知，它可是谷子的祖先。

我们熟知关于狗尾草与谷子的成语。例如，“良莠不齐”，就是指谷子田里长着狗尾草。狗尾草在古代称作“莠”，因而有学者认为“稂莠不齐”是成语最初的形式。

狗尾草，因其成熟后长出一根细长的果穗，挂有无数颗籽粒，毛茸茸的在风中摇曳，仿佛调皮的小狗在抖动尾巴，故而得名。狗尾草属禾本科、狗尾草属，是全国各地都非常常见的一类杂草类植物。

谷子也属于禾本科、狗尾草属的一年生植物。与狗尾草相比，谷子茎秆粗壮、分蘖少，狭长披针形叶片，具有细毛；穗状圆锥花序，每穗结实数百至上千粒，谷穗一般成熟后呈金黄色，卵圆形籽实，粒小多为黄色。谷子去皮后俗称小米。

在夏商周时期，谷子被誉为“百谷之长”，一度是最重要的粮食作物。直至 1950 年，我国谷子的栽培面积仍然有 1.5 亿亩。时至今日，小米干饭、小米粥、小米发糕等食品仍经常出现在我们的餐桌上。

对谷子起源的研究始于 20 世纪 40 年代。科学家们分析了谷子和青狗尾草、法式狗尾草的杂交后代，确定了狗尾草是谷子的野生祖先。20世纪90年代及以后，随着细胞学技术、分子生物学技术的进步，国内外对谷子近缘种的科学系统研究进入快速发展阶段，确定了多个谷子近缘种的染色体分组和组成，以及狗尾草属谷子近缘种系统衍化关系。

狗尾草向谷子的华丽转身是如何实现的呢？说起来，这个过程是漫长的。

一是系统选育，定向选择。普通狗尾草植株矮小、生物产量低，易落粒，不能满足人们生产和生活的需要。在很久之前，先民们发现了狗尾草的自然变异现象，于是从中选择植株高大、穗大、不落粒、分蘖少、香味多等高产、适于栽培的变异个体进行种植。经过数千年的栽培驯化和改良，一批高产优质、抗病抗倒伏的谷子新品种诞生了。狗尾草一步一步变成了现在栽培的谷子品种。

二是杂交育种。就是将两个优异的材料进行杂交，再通过对杂交后代的筛选，获得具有父母本优良性状而不带有父母本中不良性状的新品种的育种方法，如利用野生种狗尾草和谷子杂交。

小麦的起源

从广义上讲，麦是麦类的总称，有大麦、小麦、荞麦、燕麦等，其中以小麦种植面积最大，食用最广泛，故人们称麦，大多指的是小麦。

小麦最早的称呼叫“来”，繁体字为來。來似麦穗，后来又在來字下面加夕，像是麦的根，这才出现繁体字麥。明代李时珍在《本草纲目》中说：“许氏说文云：天降瑞麦，一来二麰，像芒刺之形，天所来也。如足行来，故麥字从來从夕。夕音绥，足行也。诗云，贻我来牟是矣。”据《汉字拾趣》解释，来牟是麦的拆音字。所谓拆音，就是把麦字的字音拆开来读；也可以把来牟两字读快点，就能读出麦字的音。由此，来牟又成为古代对小麦的另一称谓。

一般认为，小麦起源于西亚农业起源中心区，因为小麦的野生祖本主要分布在这个半月形地带。这个中心区非常重要，西亚的古代先民为我们驯化出的农作物品种种类很多，谷物类包括小麦、大麦、燕麦、黑麦。也就是说所有的麦类作物都是起源于西亚。科学家们推测，先由野生一粒小麦和拟斯卑尔脱山羊草天然传粉，进化成二粒小麦；二粒小麦与粗山羊草“通婚”，才得到穗大、籽粒多的普通小麦。在西亚和西南亚一带，至今还广泛分布有野生一粒小麦、野生二粒小麦及与普通小麦亲缘关系较近的粗山羊草。叙利亚西南部、以色列西北部和黎巴嫩东南部则是野生二粒小麦的分布中心和栽培二粒小麦的起源中心。

按照考古学家在中亚许多地方发掘的小麦遗存推论，小麦是新石器时代的人类对其野生祖先驯化的产物，栽培历史已有1万年以上。其后，从西亚、近东一带传入欧洲和非洲，并东向印度、阿富汗、中国等地传播。

据《中国农业百科全书·农作物传》记载，早在前7000—前6000年，在土耳其、伊朗、巴勒斯坦、伊拉克、叙利亚、以色列就已广泛栽培小麦；前6000年在巴基斯坦，前6000—前5000年在欧洲的希腊和西班牙，前5000—前4000年在苏联的外高加索和土库曼斯坦，前4000年在非洲的埃及，前3000年在印度，前2000年在中国，已先后种植小麦。

由许多出土小麦文物不难看出，中国最早的小麦栽培距今至少已有5000年。在距今4000—3000年前，小麦不仅在中国西部已有广泛栽培，而且在南部、东部和中部也有种植。

从路径上看，小麦应该是通过人类的迁徙、贸易与交换等活动由西自东传入。它先进入西域，之后才传到了东部地区。在这一过程中，小麦被陆续驯化出各类细分品种。随着产量和性能的不断提高，小麦跻身世界粮食作物前三，产量仅次于玉米，与水稻不分伯仲。目前，全球有40多个国家、近40%的人口以小麦作为主要粮食。

稻米的故乡

稻米是全世界半数以上人民的主要食粮。特别是在亚洲，稻米消费量占全世界总消费量的90%以上。现在全世界水稻种植面积占谷物面积的1/5，总产量占谷物产量的1/4。而我国水稻的种植面积和产量，都居世界首位。

佟屏亚所著的《农作物史话》一书中讲到，在殷商时代，稻位于五谷之末，排列是禾、稷、菽、麦、稻。到北宋时，水稻总产量已经跃升为五谷之首。宋代有“苏湖熟，天下足”、明代有“湖广熟，天下足”之说，表明江南各省水稻生产迅速发展，水稻产量在全国占有举足轻重的地位。

明代宋应星《天工开物》记载：“今天下之育民人者，稻居什七。”说明明代水稻产量已经大致占全国粮食总产量的70%了。

追本溯源，水稻起源于野生稻。野生稻广泛分布在亚洲和我国各个地区。现在已经查明，我国东起台湾，西迄云南，北到北回归线，南抵海南岛，都有野生稻生长和繁殖的踪迹。

现在的栽培稻包括两种：亚洲栽培稻（又称普通栽培稻）和非洲栽培稻。前者普遍分布于全球各稻区；后者现仅在西非有少量栽培。亚洲栽培稻的祖先是广泛分布于东南亚的多年生宿根性的普通野生稻。

至于水稻的起源地，国际学术界素有争议。在诸锡斌等人所著《古今农业史话》一书中记载了以下几种观点：起源于华南；起源于云贵高原；起源于长江下游；起源于长江中游；起源于长江中游与淮河下游之间；等等。总之，中国稻作起源于何处，目前还难以得出一致的结论。以至有人认为水稻的起源可能是多中心的：既然适于栽培的野生稻在中国、印度和东南亚等许多地方都有分布，那么栽培稻也就可能在许多地方较早地独立发生，而其时间至少距今 1 万年以上。

大约在 3000 年前的周代，中国的稻谷开始北传朝鲜，南传越南。也就是在这个时候，我国稻作技术传入菲律宾和印尼。大约 2000 年前的汉代，中国的粳稻东传日本。大约在 5 世纪，水稻经伊朗传入巴比伦，然后经非洲传到欧洲，新大陆发现以后再由非洲传入美洲以至于全世界。水稻的优良品质以及高产和广泛的适应性能，受到广大劳动人民的喜爱，并迅速得到传播。

豆类是个大家族

豆类的成员有很多，豆科植物是被子植物的第三大科。世界豆科植物有 600 余属，17000 多种。中国豆科植物共有 169 属，1500 余种。古书记载的五谷，其中“菽”即为豆类的总称。《诗经》记载了中国古代周朝的农业情况——“七月烹葵及菽”，“采菽采菽，筐之筥之”，说明豆类在当时农业生产上占有重要地位。

大家在超市里可以看到五颜六色、形态各异的豆子，最常见的有黄豆、黑豆、绿豆、红豆、扁豆、豌豆、四季豆、豇豆、白豆、芸豆、饭豆、蚕豆等。根据豆类的营养素种类和数量，可将它们分为两大类：一类以黄豆为代表的高蛋白质、高脂肪豆类；另一类则以碳水化合物含量高为特征，如绿豆、红豆。鲜豆及豆制品不但可做菜肴，而且可以作为调味品的原料。

黄豆：别称大豆

为大豆属植物，原产中国。大豆是从它的近缘种野生大豆驯化而来，栽培历史在 5000 年以上。由于大豆的经济价值高，20 世纪以来世界各国已开始普遍种植。大豆的主要产区为中国的东北平原、华北平原和美国的中北部。大豆为一年生直立草本，全株被毛。复叶有小叶 3 片；顶小叶卵形或椭圆形，侧小叶斜卵形。花小，白色或紫色，2 ~ 10 余朵组成腋生的短总状花序。荚果带状长圆形，略扁，内有椭圆形的种子 1 ~ 4 颗。大豆在豆类作物中蛋白质含量居首位，其中含有人体所必需的各种氨基酸，还有维生素 A、维生素 B、维生素 C

和维生素D，并富含可食用的油脂，故为重要的蛋白质和油料作物。大豆的种子含蛋白质36% ~ 42%，油脂16% ~ 20%。用大豆制成的豆腐、豆芽和酱油是中国极普遍的副食品。豆油除供食用外，可制油漆、肥皂、甘油、润滑油，还可制人造羊毛，又为医药原料。大豆叶含蛋白质12% ~ 20%，与榨油后的麸饼均为优质饲料和肥料。黑豆也属于大豆属种类之一。

扁豆：别称刀豆、刀板豆

扁豆属植物，为热带、亚热带地区常见栽培的豆类。多年生缠绕植物。小叶3片，阔三角状卵形，托叶基部着生。花白色或紫色，两至多朵丛生于总状花序的节上。荚果矩圆形，扁平，边缘有小凸点；种子略扁，白色或紫黑色。嫩荚供蔬食，成熟种子含蛋白质21.5%，供食用。入药有去湿之功。

豆角：别称四季豆

为菜豆属植物，是温带地区栽培最广的一种豆类作物。菜豆名出《本草纲目》，又名云扁豆、四季豆或玉豆，为一年生、缠绕、草质藤本。小叶3片，阔卵形至斜方状卵形；托叶基部着生。花白色，渐变草黄色或淡紫色，数朵组成腋生的总状花序。荚果线形，肉质，肿胀，稍弯曲；种子球形或矩圆形，白色、褐色或有花斑。嫩荚供蔬食，含蛋白质6.2%，干种子含蛋白质22.9%，为营养高的食品。除鲜食外，还可

制成罐头。菜豆有一变种名龙芽豆，植株较矮而直立，为夏初主要蔬菜之一。与菜豆同属的还有棉豆，又称金甲豆。荚果扁，矩圆形，成熟种子可食。无筋豆属于豆角的一种。

绿豆：别称青小豆

为豇豆属植物，栽培很广。绿豆名出自《开宝本草》："绿豆圆小者佳。粉作饵，炙食之良。"世界上绿豆生产以中国占第一位，其他主要产区有印度、伊朗和菲律宾等。绿豆为一年生直立草本，全株被粗长毛。复叶由3片阔卵形的小叶组成，托叶大，阔卵形，盾状着生。花黄色，10～25朵丛生于总状花序的先端。荚果线状圆柱形，有10～15颗小的绿色的种子。种子供食用，含蛋白质25.59%，淀粉53.6%，富于营养。磨粉可做糕饼，又可制成粉丝，为中国传统副食品之一。种子洗净浸水中遮光发芽，名绿豆芽或芽菜，供蔬食。种子入药，有清凉解毒、利尿明目之效。枝、叶为良好绿肥。

豇豆属的豆类作物除绿豆以外，常见栽培的还有赤豆、豇豆和眉豆等。赤豆名出《唐本草》，又名小豆，原产中国；印度、朝鲜和日本也有栽培。种子含蛋白质约20%，可做粮食或制豆沙用以做糕点馅。豇豆名出《本草纲目》，又名豆角，在中国栽培极广。取其嫩荚供蔬食，荚长者可达60～70厘米，以豆荚绿色深浅不同分为青豆角和白豆角两种类型。眉豆又名饭豇豆，荚果较豇豆短，种子供食用，含蛋白质23.1%，淀粉61.4%。

红小豆：别名赤豆

一年生草本植物。主根不发达，侧根细长，株高80～100厘米，有直立从生型、半蔓生型及蔓生缠绕型。叶为3小叶组成的复叶。小叶圆头型或剑头型。花梗自叶腋生出，梗的先端，着生数花，为自花授粉作物，花小，开黄花或淡灰色花，龙骨瓣呈螺旋形，每花梗上结荚 1 ~ 5 个，荚长 7 ~ 16 厘米，果荚内包着 4 ~ 18 粒椭圆或长椭圆形种子。种子多为赤褐色，也有黑、灰、白、绿杂、浅黄色等。种子千粒重 50 ~ 210 克，大多在 130 克左右。

饭豆：别称眉豆

眉豆是豆科植物菜豆种子，球形或扁圆，比黄豆略大，也有状如腰果的，又名饭豇豆、米豆、饭豆、甘豆、白豆等。属于干豆类及制品，一年生缠绕草本，分布于中国河北、江苏、四川、云南等省，越南亦有产。眉豆是粤人习称。李时珍称“此豆可菜、可果、可谷，备用最好，乃豆中之上品”。眉豆的营养成分相当丰富，包括蛋白质、脂肪、糖类、钙、磷、铁及食物纤维、维生素A原、维生素B1、维生素B2、维生素C和氰苷、酪氨酸酶等；眉豆衣的B族维生素含量特别丰富。

蚕豆：别称胡豆

为蚕豆属植物，是最古老的农作物之一，在古代曾为人类的主要粮食，原产地中海及里海一带，现广植于世界各地。蚕豆一名出自《食物本草》。李时珍《本草纲目》谓其豆荚状如老蚕，故名。蚕豆为一年生或二年生直立草本；茎四棱柱形。偶数羽状复叶有 2 ~ 6 片椭圆形的小叶，无卷须。花白色带红而有紫斑，2 ~ 6 朵组成腋生的短总状花序。荚果大而肥厚；种子椭圆形，扁平。其种子含蛋白质 22% ~ 35%，淀粉 43%，除食用外亦为制酱的原料。未熟的青蚕豆味鲜美，且含维生素A、B和C，为春季上等蔬菜。茎秆质软，含蛋白质 10%，适于做青饲料，又为良好绿肥。

鹰嘴豆

它与其他豆类相比，食疗作用特别突出，有降血糖的作用。鹰嘴豆盛产于我国的新疆，因为豆子的外形酷似鹰嘴的形状，所以得到鹰嘴豆这样一个名字。是印度和巴基斯坦的重要蔬菜之一，在欧洲食用鹰嘴豆也十分普遍，也是维吾尔常用的一种药材。籽粒可做利尿剂、催奶剂，可治疗失眠，预防皮肤病和防治胆病。

大豆的起源、分布与传播

大豆又称黄豆，一年生草本植物，花为白色或紫色，有根瘤，豆荚有毛，种子可以食用，也可以拿来榨油。目前，大豆已成为除水稻、小麦和玉米三种粮食作物之外产量最多的农作物，也是当今世界上经济价值最大的一种豆科作物。

大豆起源于野生大豆

大豆起源于中国的野生大豆，至今已有 5000 多年的种植历史。

我国野生大豆资源丰富，其分布北起黑龙江省呼玛县依西肯一带，南到广西的象州和英德，东起黑龙江的抚远，西到西藏察隅县的上察隅。垂直分布方面，东北地区分布上限在海拔 1300 米左右，黄河及长江流域上限在海拔 1500 ～ 1700 米，西藏为 2250 米左右，野生大豆分布最高点位于云南省宁蒗县海拔 2650 米处。

虽然栽培大豆与野生大豆在形态和生长习性方面有着明显的差异，但它们之间仍有着密切的内在联系，在许多性状上有共同之处。首先，它们的染色体均为 20 对，互相杂交容易成功，并能获得正常可育的杂种后代。其次，它们对环境条件的要求基本相同。所以严格地讲，栽培大豆与野生大豆实质上是同一个种，它们之间在遗传性状上虽有差别，但并没有形成生殖隔离。

一般而言，野生大豆豆粒较栽培大豆小，种皮黑色或褐色，豆荚也容易炸开，抗盐渍、抗旱涝等能力较强，茎并非如栽培大豆那样直立，而是如藤一样缠绕攀缘。野生大豆的这些性状都是在适应自然环境条件下形成的，对自身的生长发育、传宗接代极为有利，但与人类的需求相悖。人类希望的是丰产的大籽粒、美观的黄圆粒以及易收获的粗矮直立茎。在人类偏好的选择下，野生大豆逐渐向这些方向进化，最后演化出了栽培大豆。

对野生大豆的研究，对揭示大豆的起源和演化有着十分重要的意义。目前，中国发现并搜集了占世界90%以上的野生大豆资源，加上我国丰富的大豆地方栽培品种，为研究大豆的起源问题提供了十分有益的素材。我国各地不仅存在典型的野生大豆、栽培大豆，还有很多介于两者之间的一系列过渡类型。这些过渡类型的同时存在，就像是整个演化过程的剖面，采用同步比较的方法，即可清楚地揭示演化的完整过程。除了演化上的意义，野生大豆也是人类不可多得的一笔“财富”。这个“遗传资源库”中蕴藏了很多现有栽培大豆所不具有的优良特性，利用它们可以改良和培育出更多优良品种。

大豆在我国历史上的踪迹

从远古到春秋战国，大豆的种植在一些文学作品中都有详细的记载。“六月食郁及薁，七月亨葵及菽”，这句话的意思就是，6月我们可以吃李子和葡萄，到了7月我们就可以煮豆子了。这也可以看出，在古代不叫豆，叫菽。

在《诗经·小雅》中记载：“中原有菽，庶民采之。”意思是田野里面长满了大豆，众人一起去采摘。

我们的考古也发现了一些证据，可以追溯到3500年以前——洛阳二里头夏代遗址发现了炭化的大豆种子。

秦朝的时候，由于铁器和牛耕的使用，加上秦始皇对农业的重视，大豆的种植面积开始扩大，并且有了较为系统的记载。

到了汉朝的时候，在淮南王刘安编撰的《淮南子·地形训》中，总结了豆的栽培方法。

到了三国时期，有了“豆”这个名字。有曹植的著名的《七步诗》为证：“煮豆燃豆萁，豆在釜中泣。本是同根生，相煎何太急。”

到了北魏末年，农学家贾思勰在《齐民要术》中已经开始罗列了一些豆类的品种。

到了宋朝的时候，豆的种植就非常普遍了。我们从杨万里的诗句中可以看出来：“道边篱落半遮眼，白白红红遍豆花。”

到了明朝的时候，豆类种类和种植已经非常成熟，后来我国大豆的种植面积也是急剧增加。

我国的大豆产区可以分为四个区：北方的春大豆区，黄淮海的夏大豆区，长江流域的春大豆以及夏大豆区，热带、亚热带的春夏大豆区。这 4 个区域中，东北的春大豆和黄淮海的夏大豆是我国种植面积最大、产量最高的地区。

大豆是怎样对外传播的?

首先，大豆在公元前 200 年前后由我国的华北传到朝鲜，再从朝鲜传到日本。在随后相当长的一段时间内，分布格局并没有发生大的变化。

到了 17 世纪末，逐步传入印度尼西亚、菲律宾、越南、老挝、马来西亚、缅甸等亚洲国家，这主要是由于当时国际贸易的繁荣与交往所致。

18 世纪，开始在英国、法国、奥地利和德国等一些国家种植。从此，中国的大豆就开始走向世界了，获得世界上许多国家的认可。

到 19 世纪，逐渐传入美洲，传入美国，在美国的各个州都有种植。随后传入阿根廷、巴西等一些南美国家。

玉米的起源

在植物分类学上，玉米属于禾本科玉蜀黍属。玉米又称玉蜀黍，俗语也称为珍珠米、苞米、苞谷、番麦、御麦、棒子等。玉米作为一种高产作物，用途广泛，适应性强，在世界各国几乎都有种植。

玉米的祖先是原产于南美洲的大刍草

一般认为，玉米祖先是大刍草，原产地在南美洲。

20 世纪初，中美洲墨西哥城在建造“拉丁美洲之塔”工程的时候，在地下 70 米深处发现了野生玉米的花粉粒化石。经测定，玉米的祖先在那个地方生长至少有 8 万年的历史。虽然那时候当地还没有人类和农业，但是玉米的野生祖先已经在那里生长繁殖了。此外，考古学家们也曾在墨西哥南部的特万特佩克地峡遗迹中，发现有古老的野生玉米果穗。

人们熟知的秘鲁，在印第安语中有“玉米之仓”的意思。秘鲁历史上占有突出地位的印加帝国时期，就是以种植玉米为主的年代，也叫作“玉米文明”时期。秘鲁的海岸附近至今还保存有古城遗址，在出土的陶器和建筑物上，嵌有大量的玉米籽粒和果穗图案。

基于对南美洲历史遗迹的考古分析，考古学家们推测，南美洲最早的居民印第安人至少在 4000~5000 年前就开始广泛种植玉米了。

农业科学家们认为，印第安人在长期种植过程中有意无意地对玉米进行了选择。第一阶段主要是无意识选择，每年种植过程中自然选择穗大粒多的果穗留种，而且祭祀也要求美观、鲜艳、籽粒饱满。他们将玉米隔离种植，精心管理，认真选择，使品种得到改良。第二阶段是有意识选择，主要为了不同用途而选择不同籽粒大小、颜色等，以及用于酿酒的特殊甜玉米等。因此，印第安人是最早的玉米育种家，为人类生存和发展做出了巨大贡献。

哥伦布眼里的“马希兹”

1492 年，哥伦布到达美洲大陆后，西方文献中才开始正式有了关于玉米的文字记载，并由此向世界各地传播。

1492 年 11 月 5 日哥伦布在发现美洲大陆的同时，立即被田野里种植的高大而美丽的玉米植株吸引住了。他说道：“我发现了一种奇异的谷物，它的名字叫‘马希兹’。它甘美可口，焙干，可以做粉。”

15 世纪末期，玉米从美洲引到西班牙、葡萄牙，以后又传遍整个欧洲。当时只是为一些贵族统治阶级作为庭院观赏植物。随着 16 世纪世界性航线的开辟，玉米沿着三条线路从美洲传播到欧洲、非洲和亚洲。到 16 世纪中期以后，在全世界的主要国家和地区几乎都已经有了玉米的踪迹。并且由于玉米的产量较高和良好的食用特点，在应

对饥荒和作为饲料方面具有特别的价值，迅速成为人类的主要粮食作物之一。

目前全球大约有 160 多个国家和地区生产玉米。美国、中国、巴西、阿根廷和墨西哥是世界上主要的玉米生产国。玉米已成为重要的粮食、饲料和工业加工原料来源。

从“外来户”到扎根本土

在中国，最早出现的有关玉米的书面记录来自中国明代的一部药物学著作——《滇南本草》，其中记载：“玉麦须，味甜，性微温，入阳明胃经，通肠下气……”该书的作者为明代云南阳沐（今嵩明附近）人。

玉米传入我国，大约也是在 16 世纪。当时外国人把玉米果穗作为晋见皇帝的礼物，因此有“御麦”之名。玉米传入我国主要有 3 个途径，其中最可能经陆路从印度或缅甸进入我国云南、贵州、四川等地种植，再传播到全国各地。也有人认为玉米是从陆路通过中亚，或从海路经过南洋群岛引入我国的。

在到达中国后的 500 年至 600 年间，玉米逐渐从之初的奢侈食品发展到如今百姓餐桌上的常客。说起玉米来，无论是蒸煮后的香甜味道，还是磨成粉后做成的香喷喷的玉米粥，抑或掺入别的面粉做出来的食物的松软口感，都给人留下难忘的回忆，有一种挥之不去的家乡味道或乡土气息。

美国是全球最大的玉米供应国，占全世界总产量的 30% 以上。中国是世界上第二大玉米种植国家，玉米是排在小麦后的第二大主粮作物。我国东北和华北是玉米主要产区，其中黑龙江排名第一，占中国玉米种植面积的 14.8%，吉林和河北则分列第二、三位。

我国现在是世界上第一大玉米消费国。究其原因，我国经济的快速增长增加了百姓的收入，同时也提升了对食物和营养的需求。反映在人们逐渐变化的饮食结构上，就是禽类和猪肉类食品所占的比重逐渐增加。这使得对主要饲料原料，尤其是玉米的需求快速增长。

近年来，我国玉米播种面积达到 4000 多万公顷。其中 2021 年的种植面积达到了 4332 万公顷，相较 2020 年增长 5%。原因是受玉米价格上涨因素影响，玉米种植收益较好，农民种植的积极性提高了。

引进甘薯的惊险历程

一些人可能会以为甘薯是不结种子的，但甘薯其实是开花结果的，果实里面也结有种子。我们熟知的甘薯是甘薯的根状茎，并不是甘薯的果实。甘薯花跟南瓜花一样是两性花，中间是一个雄蕊。

甘薯是异花授粉作物，自交基本上不结实。甘薯的果实和牵牛花很像，甘薯果实呈枯黄色或者褐色。甘薯开花是有很大的地域差异的，在我国北方甘薯很少开花，日照达到一定条件才可以；在我国南部的秋冬薯区，也就是北纬 23 度以南，甘薯是可以自然开花的。

种甘薯为啥不用种子呢？甘薯种子皮比较坚硬，而且很厚，不容易吸水，发芽比较困难。所以甘薯不用种子进行播种，但是甘薯种子却是选育新品种的来源。甘薯依靠薯块进行繁殖，是无性繁殖，这样在自然条件下，基因突变而产生新品种的概率非常低。通过这种方法种植甘薯，能保持甘薯的优良性状。

把甘薯种子的种皮磕破或用浓硫酸浸种处理以后，洗净放在清水里吸水，然后放在合适的温度环境条件下，是可以发芽的。

甘薯早在明代李时珍的《本草纲目》中记载：“甘薯补虚，健脾开胃。”

甘薯引进中国，有过一段曲折的过程。16 世纪末期的明代，福建省福州府长乐县人陈振龙侨居吕宋岛（今菲律宾）经商。他发现当地种植一种食用块根甘薯，根大如拳，皮色朱红，心脆多汁，生熟可食，产量高，食味好，夏栽秋熟，是一种保丰补歉的备荒作物。陈振龙决心把甘薯引到中国来。但是，当时的菲律宾处于西班牙殖民统治之下，严禁甘薯外传。陈振龙经过精心谋划，在1593年年初回国的时候，把薯藤缠绕在航船的缆绳上，表面涂上污泥，巧妙地躲过了殖民者的检查，顺利通过关卡，安全到达福建。

当年6月，陈振龙叫他儿子陈经纶向福建巡抚贡献薯藤，并说清楚甘薯的用途和种植方法，此后在福建试种成功。那时候闽广等地常遭台风侵袭，连年饥荒。由于甘薯适应性强，繁殖量大，高产味美，迅速在各地推广种植。为了纪念陈振龙父子传播甘薯的功德，后人在福建省乌石山海滨设立“先薯祠”，代代传颂，岁岁祭祀。

甘薯原产地在美洲。古代美洲印第安人，最初是在采掘地下根茎之类食物的时候，发现了美味的甘薯块根，并且通过根系连年不断地再生繁殖而被驯化成栽培植物。据考古发掘，在秘鲁的古墓里发现了8000年前的甘薯块根，证明甘薯在当地种植至少已有8000到10000年。

安第斯山上的马铃薯

马铃薯是茄科植物，和其他茄科植物一样，它也会开花结果，结出形似圆茄子但个头更小的果实。成熟的果实中含有种子，可以播种繁衍。但在农业生产中，并不用种子来种植，而是用马铃薯的块茎进行无性繁殖。

故乡在南美洲

坐落在安第斯山脉海拔 3800 米之上的的的喀喀湖是世界上海拔最高的湖之一，位于秘鲁和玻利维亚的交界处。这里是人类最为重要的粮食作物之一——马铃薯的故乡。古印第安人在这里拉开了人类食用马铃薯的序幕。

在距今大约 7000 年前，一支印第安部落为了躲避毒虫、野兽以及其他部落的袭击，由东部，也就是亚马孙河流域沿岸的原始森林，迁徙到高寒的安第斯山脉，在的的喀喀湖区附近安营扎寨，他们在这里发现并开始食用野生马铃薯。

的的喀喀湖区附近的平原是个食物匮乏的地方。这里的物产远远不及亚马孙河流域沿岸的原始森林丰富。在这里，木薯不能很好地生长，玉米很难正常地结出果实，饥饿迫使他们边狩猎边寻找新的食物。

这时，奇迹出现了，他们寻找到了一种生长在地下，可以吃的食物——野生马铃薯的块茎。安第斯山上有许多野生的马铃薯的品种。古印第安人从此开始把马铃薯当作主要食物。

马铃薯是块茎类作物，埋在地下的茎部庞大，含有大量的淀粉，可以为食用者提供丰富的营养。毫无疑问，这个新的发现挽救了当时处在饥饿困境中的古印第安人，为他们的生存带来了一线生机。

随着时间的推移，马铃薯与古印第安人的关系越来越紧密。在流传至今的一个古老传说中，马铃薯被认为是上苍赐予生活在高寒山区的印第安人的礼物。在的的喀喀湖的周边地区，种植马铃薯至今依旧是非常重要的农耕活动之一。在当地土著民的祭祀和庆祝活动中，一个重要的节日就是马铃薯节。

在 7000 多年后的今天，马铃薯已经在全球遍地开花了，我国也一跃成为世界马铃薯第一种植大国。马铃薯凭借着适应性强、丰产性好、营养丰富、经济效益高，在我国各个生态区域都有广泛种植。马铃薯的品种也从最初的带有些许毒素的野生马铃薯，一步一步被驯化，选育成为具有丰产、抗病等特性的优质品种。

棉花的起源和传播

对于现代人而言，棉花可谓再熟悉不过。我们每天所穿的衣服、所使用的物品中都含有大量棉的成分，甚至连人民币的主要原料也是由棉纤维构成的。那么作为人类生活中不可或缺的原材料，棉花起源于哪里呢？

古希腊历史学家希罗多德曾经记述了公元前 480 年希腊和波斯的一次规模巨大的战争。当时有几个国家的军队入侵希腊，其中利比亚人披着笨重的兽皮，亚述人身着粗糙的亚麻军服，而印度人穿着轻盈的棉布军装。这场战争对广大人民来说无疑是一场浩劫，而棉花这个珍贵农作物，却在地中海沿岸的一些国家迅速传播开来。

其实，中美洲原住民早已懂得用棉花纺织衣服和毯子了。16 世纪，西班牙人进入墨西哥南部和尤卡坦半岛，发现当地植棉业已很发达。岛民将彩色棉纺成土布，做成服装。占世界棉花总产 90% 以上的棉种都原产于墨西哥的陆地棉。

在遥远的上古时代，我们祖先的衣被是用丝和麻做原料制成的。在公元前 2 世纪到 4 世纪，棉花已经被引进到我国新疆、广东和云南等边疆地区。唐宋以前，中国人称棉花叫吉贝，这是由梵文转译而来的，宋以后才改称棉花。

中国是世界上棉花产量最高的国家，但棉花并非中国本土作物。大约在公元前 200 年（秦末汉初时期），中国人已知道了棉花的作用。但除了西南边疆一些地区外，其他地方并没有将棉织品当成制衣的主要材料。直至宋元时期，棉花才开始在中国普及。到了明朝中后期，几乎所有男女老少都已穿着棉布衣服了。

20 世纪 80 年代以来，中国已成为头号棉花生产大国。同时棉花生产超过百万吨的国家由原来的 3 个（美国、苏联和中国）增加到 5 个，依次为中国、美国、印度、巴基斯坦和乌兹别克斯坦。在原棉消费量方面，中国位于世界第一；在原棉出口量方面，美国是世界第一。

人类祖先最早的衣服是从动物身上获取的毛皮。大约在 3 万年前，人类开始使用亚麻织布。在此后约 2 万年的时间里，人类尝试用各种不同的纤维纺纱、织布，相继发现了各种各样将植物转化为布匹的方法。在公元前 7000 年前后，中东和北非地区以亚麻、动物毛作为制衣的主要原料，而中国则出现了苎麻纤维和丝绸制成品。

大约在距今 5000 年前，印度次大陆的人们第一次发现可以用棉花纤维纺线。但就在几乎同一时间，远隔万里的南美秘鲁地区也发现了棉花的此类用途。因此从现有考古资料来看，棉花可以说起源于印度次大陆，也可以说起源于秘鲁，但一般都认为印度早于秘鲁。

据 2020 年 4 月 20 日国际权威学术期刊《自然遗传学》（*naturegenetics*）报道，2020 年 4 月，南京农业大学、得克萨斯大学、哈森阿尔法生物技术研究所、得州农工大学等单位合作绘制完成了所有 5 个异源四倍体棉花种的高精度参考基因组图谱，为探究多倍体植物基因组演化规律提供了重要参考依据。

主要的栽培棉花为异源四倍体，其形成经历了复杂的杂交、多倍体化和驯化过程。大约 150 万年前，起源于非洲的二倍体棉和美洲的二倍体棉杂交、基因组加倍形成 5 个异源四倍体种，分别是陆地棉、海岛棉、毛棉、黄褐棉和达尔文氏棉。其中，陆地棉和海岛棉被驯化成为栽培种，毛棉、黄褐棉和达尔文氏棉是野生种。但是受制于四倍基因组本身的复杂性和基因组测序技术，这 5 个棉种的形成与演变过程，一直以来未被精确揭示。为深入解析棉花的进化规律并发掘野生棉种的优异基因，该研究综合利用二代（illumina）和三代（pacbio）测序、染色质高级结构捕获（hic）技术，构建了所有 5 种异源四倍体棉花的高精度参考基因组。这项最新的研究发现，这 5 个棉种的形成是单一起源，并历经 20 万~60 万年的自然演化，逐渐形成 5 个棉花种。其中，陆地棉和海岛棉经过 8000 年左右的独立人工驯化，成为最主要的栽培棉花。这意味着，在 8000 年前，生活在不同地域的人类祖先，几乎在同时驯化了这两个棉种。

该研究还发现，不同棉种在 150 万年的杂交、多倍化和进化过程中，基因数量和排列结构并没有显著的变化。而在 8000 年左右的人工驯化过程中，陆地棉和海岛棉的纤维长度和品质等发生了显著改变。即便身处两地，人类祖先却巧合地优化出了相似的基因表达模式，从而使得这两种栽培棉花的纤维长度增加，颜色也发生了改变。

历史上的粮仓

我国粮食储藏历史悠久。在新石器时代，生产水平较旧石器时代有所提高，人们生活有了可靠的来源并开始了定居生活，在房子周围常常建有储存物品的窖穴，这就是最早的粮仓。

在著名的西安半坡原始氏族公社遗址，发现过很多窖穴，后经考古发现窖穴中存有腐朽的粮食。这说明我国粮仓早在六七千年前的原始社会就已经存在了。

商周时期，农业得到长足发展，粮仓也有了很大进步。陇东作为我国农业起源最早的地区之一，对周朝的兴起和发展起到了举足轻重的作用，也因此建立了陇东粮仓。陇东粮仓主要分为两种：一种是建在地面上的；另一种是将粮食储存于窑洞中。

管子说，“民以食为天”，“仓廪实，知礼节；衣食足，知荣辱”。战国时期，统治者已认识到粮食与国计民生、政权巩固的密切关系。

战国时期，激烈的兼并战争对建仓积谷提出了迫切的要求。任何一个国家要支持持久的战争并获得胜利，就必须有充足的粮食和兵源。因此，战国时期各国都很重视储积粮食，都注重建立粮仓。魏文侯有“街廪”，韩置敖仓于广武山，齐宣王曾发棠邑之仓。楚春申君造两仓：西仓名曰均输，东仓周一里八步。

也有私人建立粮仓的，《管子·山权数》载：“丁氏之家粟，可食三军之师行五月。”这时，农作物的储藏有三种形式，即露天的庾积、地面上的囷仓和地下的窖窦。

两汉时期，随着粮食产量的增加，粮仓也越来越多，出现一些著名的粮仓，如太仓、细柳仓、嘉仓、幕府仓、嘉禾仓、常平仓等。公元前54年，汉宣帝在边郡设立由政府直接管理的粮仓“常平仓”，谷贱时购进贮存，谷贵时压价售出，用以“平抑粮价、储粮备荒”，保持社会稳定。后来，历代的仓储制度有所变化，但均保留了官办的“常平仓”。

唐初，李世民吸取隋末战乱的教训，在洛阳城内建立了含嘉仓，取代洛口仓成为“天下第一粮仓”。唐玄宗时，含嘉仓的储粮几乎达到全国储粮的一半。每当遇到关中有灾情时，朝廷便会迁往洛阳，因洛阳有充足的粮食储备，可见含嘉仓在唐朝时的重要作用。

有“天下第一粮仓”美誉的含嘉仓又叫含嘉仓城。李世民由瓦岗军战败认识到粮仓建于城外的弊端，于是决定将粮仓建在城内。含嘉仓遗迹发现于20世纪60年代，当考古人员挖开仓窖土层时，发现里面保存的粮食仍完好无损。从仓里取出来的谷子竟然还能发芽结果，可见含嘉仓建仓技术之高明。

古人储藏粮食有一套行之有效的方法。首先，将建仓地址选在地势较高的地方。这样的位置水位较低，土质比较干燥。其次，在挖好窖穴后，将窖穴用火烘干，把草木灰铺在底部，再将木板铺于草木灰上，木板上铺席子，席子上垫谷糠，最后再用席子将谷糠覆盖住；窖壁也是两层席子夹一层谷糠来防潮。这种席子夹糠的方法，能够很好地隔湿保温，防止粮食发热、发芽、腐烂等情形的发生。这样谷子基本保持 9 年以上不变质。

2014 年 6 月 22 日，大运河申遗成功，含嘉仓也入选世界文化遗产名录。可以说，含嘉仓对于大运河申遗成功有着重大的促进作用。在历史上，大运河曾经历几次黄河改道，再加上其他自然及人为原因，很多河段的河道、河堤、河床、桥梁等已不复存在，而埋在地下的含嘉仓成为当时漕运盛况的见证者。

大运河的主要功能是漕运，而当时漕运的主要物资就是粮食。因此，含嘉仓对于大运河申遗成功的意义是不言而喻的。

种子的战争从未停歇

“如果你控制了石油，你就控制了所有国家。”这是美国前国务卿基辛格说的。美国一直在想方设法控制全世界的产油国，甚至不惜发动战争。而后半句话则是“如果你控制了粮食，你就控制了全人类”。事实上，为了控制粮食，人类历史上的争战就没有停止过。

文种助勾践灭吴的计策

话说吴王阖闾在和邻国越国的战争中受了重伤，之后不久就不治而亡。吴王阖闾死后，他的儿子夫差继位，就是历史上有名的吴王夫差。

夫差为了给他的父亲吴王阖闾报仇，励精图治，重用伍子胥等人，并日夜操练兵士，积极为打败越国做准备。然而，这个消息被越王勾践知道了。

越王勾践不想等到吴王夫差来攻打的时候再迎战，他想先发制人主动出击。但毕竟越国的综合国力不如吴国，战胜吴国的条件不成熟，越王勾践的大臣范蠡死命劝阻，可是越王勾践就是不听。

终于，越王勾践开启了战端。两军交战时，吴国同仇敌忾，打败了先发制人的越王勾践。勾践被一路追打，逃到了会稽山。在范蠡的劝说下，越王勾践采取屈辱求全的计谋，下山投降。越国成了吴国的属国，勾践不得不亲自去吴国做人质，给吴王当牛做马。越王勾践卧薪尝胆，用 3 年的时间，终于获得吴王夫差的信任，并被释放回到越国。

从贵为越王，到战败为奴，磨难并没有消磨掉勾践战胜吴国的意志。越王勾践一直默默地积蓄着力量，史书上记载，大夫文种为助越王勾践复仇而进献“伐吴九术”。“九术”中的第三条是“贵籴粟缟，以空其邦”，“贵籴粟缟”的意思是高价买入粮食、衣物，造成吴国仓廪空虚，从而从根本上破坏吴国经济。

《吴越春秋》成书于 1 世纪，其中的《勾践阴谋外传》对越国这一计谋的成功实施有精彩的描述：

越乃使大夫种使吴，因宰嚭（pǐ）求见吴王，辞曰："越国洿下，水旱不调，年穀不登，人民饥乏，道荐饥馁，愿从大王请籴，来岁即复太仓。惟大王救其穹窘。"

吴王曰："越王信诚守道，不怀二心，今穷归愬，吾岂爱惜财宝，夺其所愿？"

子胥谏曰："不可。非吴有越，越必有吴。吉往则凶来。是养生寇而破国家者也。与之不为亲，不与未成冤。且越有圣臣范蠡，勇以善谋，将有修饰攻战，以伺吾间观越王之使使来请籴者，非国贫民困而请籴也，以入吾国伺吾王间也。"

吴王曰："寡人卑服越王而有其众，怀其社稷以愧勾践。勾践气服，为驾车，却行马前，诸侯莫不闻知。今吾使之归国，奉其宗庙，复其社稷，岂敢有反吾之心乎？"

……

吴王乃与越粟万石而令之曰："寡人逆群臣之议而输于越，年丰而归寡人。"

……

二年，越王粟稔，拣择精粟而蒸还于吴，复还斗斛之数。亦使大夫种归之吴王。王得越粟长太息谓太宰嚭曰：越地肥沃，其种甚嘉，可留使吾民植之。于是吴种越粟，粟种杀而无生者，吴民大饥。

这段记载的大意是：

越王勾践派遣大夫文种出使吴国，通过吴相嚭的关系求见吴王夫差，说：越国低洼，赶上水旱不调，庄稼没有收成，民众饥饿，连道路上都可见到吃不上饭的人，求大王借给我们米粮，转年有收成后就归还，恳请大王救助我们，使我们免于饥饿的窘迫。

吴王说："越王讲诚信，守道义，对我不怀二心，现在穷困向我借粮，我哪能爱惜财物，拒绝他的愿望呢？"

子胥劝谏说："不可以这样，不是吴国占有越国，就是越国控制吴国。吉祥给了敌国凶祸就会来。这样做是养肥了敌国，却给我国造成损害。借给他们粮食不能增加亲善，不借给他们也不因此增加冤仇。况且越国有智慧的大臣范蠡，他勇敢而且善于谋划，必然修兵饰伪准备攻伐我国，只是在窥伺等待机会罢了。我看越王这次派遣使者来借粮，不是因为国家贫穷人民有困难，而是来我国窥探虚实的。”

吴王夫差说：“寡人降服了越王，从而也征服了他的臣民，战胜他后又归还他江山社稷，使勾践惭愧，勾践很服气，为我驾车，为我牵马，诸侯都听说了。现在我让他回国，使他恢复了社稷江山，他难道还敢造反和我作对吗？”

吴王于是借给越国稻谷万石，并且说：“我是排除群臣的反对意见而借给你们稻谷的，你们来年丰收了就赶快归还我。”

……

第二年，越国稻谷丰收，他们拣选精好的稻谷，但是统统蒸了一遍，然后按所借数目归还了吴国。仍由文种大夫送去。吴王夫差在越归还稻谷后，感叹地对吴相嚭说：越国土地肥沃，他们的稻谷非常好，可以保留做种子让吴国的民众种植。于是，吴国种了越国的稻种，因为种子蒸过而不能生长，致使吴国遭受严重的饥荒。

文种的这条妙计，既能救越国的饥饿灾民，并获得来自异国的粮食种子，又以借粮为由而大幅减少了吴国的粮食储备。在第二年还粮时，通过做手脚，给吴国造成了灾难性的后果。

勾践乘机发兵攻打越国，缺乏粮食的吴国士兵们饥肠辘辘，哪有心思迎战？平日里暗中训练有素的越国士兵如狼似虎，吴国军队一败涂地。不久，越国灭亡了吴国，吴王夫差自杀身亡，越王勾践也得以一雪前耻，成为春秋时的霸主之一。

当一个国家哪一天发生了粮食危机，既没有粮食可吃，又没有种子可种，那种生死存亡的危机感就降临了，结局就会跟吴国一样。

古代的粮食战争

古人说，“仓廪实而知礼节”。这是说粮食丰富了，社会才会有序安定。古代出现农民起义的情况大多跟吃饭问题有关，有的会动摇王朝的基础，有的会使王朝覆灭。中国古代大多奉行“重农抑商”的政策，这也是维护国家安全的需要。

古语说，“兵马未发，粮草先行”。战争总是和粮食有或多或少的关系，有可能是战争发生的根本原因，有可能是胜败的基础，也有可能是战争的目标，也有可能是取胜的手段。有关粮食的战争自古就有，在现代还在继续。

春秋战国时期，齐国本是一个海边的小国。姜太公初封时地不过方圆百里，而且很多是不适合粮食生长的盐碱地，粮食产量和人口都不多。齐国之所以在较短的时间里发展成为东方的霸主，与管仲设奇计打击他国的粮食生产有关系。

买鹿制楚

楚国作为当时南方的大国，在周天子时期就已经是大诸侯国了，加上地理位置优越，资源丰富，很早便自称为王。齐国想要灭掉其他国家统一中原地区，楚国便是最大的阻碍。

齐桓公深知，面对地大物博的楚国和其拥有的兵力，齐国若是单单靠着军事实力是很难将楚国灭亡的。因此，宰相管仲提出了一条奇谋：“公贵买其鹿。”

于是，齐桓公下令在齐楚边界建设了一个城，用 8 万钱一只鹿的价格向楚国人收购鹿。同时管仲还要求齐桓公尽可能多

地囤积粮食，以备不时之需。

楚王知道了齐王高价收购鹿的消息，就让大批百姓去山野间捉鹿。一时间，百姓放下了手中的农活，全部到山野间捕鹿，导致田地荒废。一段时间过后，楚国的钱仓堆积如山，而粮仓却慢慢地空了。楚人欲用钱去买粮食，却无处买。而齐国虽然钱财少了，粮食储备却是往年的5倍之多。

这时管仲建议齐桓公伐楚，说楚国虽然有钱，却少了战争最重要的粮食，我们只需要封锁城门，不让楚国来我国收购粮食，楚国必败。齐桓公因此下令伐楚。

结果导致楚国粮食价格疯狂上升，却无处购得粮食，将近4/10的楚国难民逃到齐国，而楚国因此溃败，3年之后选择向齐国投降。齐桓公不战而屈楚，成了霸主，可见粮食是国之根本。

服帛降鲁梁

鲁国和梁国的老百姓平常织绨，绨是一种丝线做“经”、棉线做“纬”织成的纺织品，管仲劝齐桓公穿绨料衣服，并下令大臣们都服绨。上行下效，齐国的老百姓一时间全都穿绨料衣服。齐国绨的价格大涨，管仲还特意对鲁、梁二国的商人说：你们给我贩来绨1000匹，我给你们 300 斤金；贩来万匹，给金 3000 斤。鲁、梁的老百姓都把绨运到齐国卖高价，鲁、梁二国财政收入大涨。这两个国家的国君就要求他们的百姓织绨。一年后，鲁、梁的老百姓几乎全部出动，忙着织绨运绨，从而放弃了农业生产。时机成熟以后，管仲又劝齐桓公改穿帛料衣服，也不让百姓再穿绨，并“闭关，毋与鲁、梁通使”。10 个月后，“鲁、梁之民饿馁相及”，两国国君急令百姓返农，但为时已晚，粮食不可能在短期内产出。于是，鲁、梁谷价腾飞，鲁、梁的百姓从齐国买粮每石要花上千钱，而齐国的粮价每石才 10 钱。3 年后，鲁、梁两国不得不归服齐国了。

买狐皮降代国

代国出产狐皮，管仲劝桓公派人到代国去高价收购，造成代人放弃农业生产，成天到山林之中去捉狐狸，但狐却少得可怜，“二十四月而不得一”。结果是狐皮没有弄到，农业生产也耽误了。没有粮食吃，导致北方的离枝国乘虚侵扰。在此情况下，代国国王只好归服齐国，齐国一兵未动而征服代国。

古代战争兵家必争粮仓

秦汉时期，漕运的发展与兴盛极大地影响了粮仓的建立与发展。秦朝自中央到地方建立了一套完备的粮仓体制，同时为了充实咸阳的粮食储存，在河南荥阳建立了当时全国最大的粮仓——敖仓。由于敖仓储存粮食量较大，对当时群雄争战产生了很大的影响。秦朝末年，项羽和刘邦就曾以这个粮仓为争夺目标。

“官渡之战”是军事历史上以少胜多的战役之一。199 年，袁绍率领 10 万大军攻打许昌。当时，曹操据守官渡，兵力只有 2 万多人。由于两军相持了很长时间，粮草供给成了战争胜负的关键。袁绍从河北调集了 1 万多车粮草，囤积在大本营以北 40 里的乌巢。曹操得知后亲率 5000 精兵打着袁绍的旗号，衔枚疾走，夜袭乌巢。袁军还没有弄清真相，曹军已包围了粮仓，一把大火点燃，顿时浓烟四起，1 万车粮草化为灰烬。袁军闻讯惊恐万状，军心浮动。曹操紧跟着发动全线进攻，袁军士兵已丧失战斗力，四散溃逃。

隋唐时期著名的粮仓洛口仓，文人墨客多有记述。唐代著名诗人皮日休在《汴河怀古》中写道：“尽道隋亡为此河，至今千里赖通波。若无水殿龙舟事，共禹论功不较多。”诗中描写了开凿大运河的重要意义。正是由于大运河的开凿，使得洛口成了水运网的中枢，也便有了洛口仓的诞生。洛口仓筑有仓城，“穿三千窖，每窖容八千石”，是隋朝最大的一个粮仓，也是大运河最大、最重要的物流中心。洛口仓不仅储粮量大，还具有十分重要的战略价值。

隋朝末年动荡不安，各路英雄揭竿而起，最有可能一统天下的瓦岗军就是在夺取洛口仓后发展壮大起来的。李密曾向翟让献计夺取洛口仓，号召天下英雄就仓用粮，从而使天下英雄归之，听命于翟让。隋大业十二年，瓦岗军兵临荥阳，翟让采纳李密的意见，夺取洛口仓，随后又开仓放粮赈济灾民。这一举措使得瓦岗军短时间内猛增至十几万人之众。许多缺粮的义军也纷纷投奔而来，瓦岗军达到鼎盛时期。随后瓦岗军在此建立了政权，李密自立为魏公。

在李密攻打洛阳时，手中已握有洛口仓和回落仓两大粮仓，无缺粮之忧，却未采取围而不攻的策略，急于进攻，终于一战而败，失去了洛口仓。没有了洛口仓的瓦岗军便没有了根基，数十万大军一夕崩溃。李密无奈投奔李渊，最终又为李渊手下将领所杀。名震一时的瓦岗军真可谓“成也洛口，败也洛口”。

粮食是无声的强大武器

2022 年 2 月 24 日，俄乌战争爆发，西方国家纷纷用严厉的手段制裁俄罗斯。俄罗斯对此展开反制，作为粮食生产大国，其措施之一就是不再向西方国家提供粮食。

2022 年 4 月 1 日，俄罗斯卫星通讯社报道，俄联邦安全会议副主席梅德韦杰夫表示，俄罗斯将只向友好国家供应粮食和农产品，按商定的比例以卢布和该国货币结算。

梅德韦杰夫称，现在俄罗斯是最大的粮食生产国，与印度和中国并驾齐驱，近年来已成为最大的小麦出口国。

梅德韦杰夫写道："我们不会向对我们不友好的国家出口我们的食品和农产品，也不会从他们那里购买任何东西，尽管我们自 2014 年以来一直没有购买，但禁止进口的食品清单还可以扩大。"

事实上，以兵器为武器，往往是伤敌一千，自损八百，而以粮食为武器，往往是兵不血刃，不战而屈人之兵。

说起美国来，人们想到的往往是霸权主义的作风、高超的科技实力、强悍的军事武器，未必知道美国从开国以来就特别重视农业生产，其得天独厚的条件，使美国成为一个高度发达的农业大国。

美国农业的优势有三方面：一是耕地面积大，美国国土有 55% 都是平原，耕地面积占到国土面积的 20% 以上，更是达到全球耕地面积的 13%。二是土壤肥沃，美国大部分耕地都是黑土。这种土壤有机质含量特别高，十分适合农作物生长，极大程度上提高了农作物的产量。三是机械化程度高，在

1959 年，美国就实现了小麦、玉米等作物的耕、播、收割、脱粒、清洗 100%机械化。

依靠先进的种植技术和科技能力，美国以 300 多万的农业生产人口，养活了 3 亿多美国人，每年还能出口大量的粮食。

美国作为世界上最大的粮食出口国，每年的粮食产量高达 4.4 亿吨，仅次于中国的 6.6 亿吨，排名世界第二。但美国人均粮食产量达到 1.75 吨，位居世界第一。凭借着强大的农业实力，美国几乎控制了全球粮食交易市场。

当今社会中，ABCD 四大粮商控制了全球 80%的粮食交易，以绝对优势占据了国际粮食的半壁江山。所谓 ABCD 是指 4 家跨国公司，分别是美国 ADM、美国邦吉、美国嘉吉以及法国路易达孚。

单单是美国就占据了 3 家。也正是在这种背景下，美国也越来越清晰地认识到，粮食才是威力最大的武器，而苏联正是美国的“粮食武器”所要对付的主要对手。

二战结束后，粮食短缺是当时普遍的问题。那时法国人每天只能领两块面包，英国直到 1949 年还在实行面包、马铃薯和糖果的配给制；整个欧洲有数以百万计的人口在挨饿。而此时，在二战中损失不大的美国却有能力大量出口粮食，并利用粮食达到某种目的。

当时，美国以赊账的方式将粮食提供给了法国、意大利以及一些欧洲国家，避免他们倒向苏联。而苏联自身也并不好过，虽然苏联是当时世界上国土面积最大的国家，但其耕地面积却少得可怜，粮食产量无法做到自给自足。好在当时的美苏关系还不错，美国粮食储备丰富，却缺少石油，而苏联有的是石油，两者之间也算是互惠互利的关系。

但是好景不长，到了冷战时期，美国对苏联减少出口粮食，为缓解粮食短缺的窘境，苏联只好停止对一些附属国的粮食出口。这一决定也导致东欧附属国对苏联失去了信心，为日后苏联解体埋下伏笔。

但苏联依旧没有渡过难关，最终还是找上了美国。此时，美国又动起了心机，不收苏联的卢布，只要美元。尴尬的是，苏联的美元储备极少，无可奈何只好用黄金去换粮食。其实苏联还是有机会扭转局势的，毕竟手握大量石油，但是苏联没有积极储备外汇，而是将一笔笔资金砸进了重工业。

以至于后来美国打压石油价格时，苏联连购买粮食的钱都没有了。

虽说苏联解体有很多原因，但不可否认的是，美国这套粮食手段起到了推波助澜的作用。苏联总是害怕在军事上、武器上输给美国，可最终失败却和粮食有关。

粮食是国泰民安的根本

民以食为天，粮食安全乃人类生存之要、国泰民安之基。联合国粮食农业组织决定将每年的10月16日定为“世界粮食日”，旨在唤起全世界对发展粮食和农业生产的高度重视。

国无粮则不安

历史上的起义、暴动、兵荒马乱、改朝换代总是和粮食有莫大的关系。生存是人类的第一需要，缺乏粮食，人民没饭吃，轻则导致偷盗抢劫等犯罪行为，重则导致国家动乱；而兵荒马乱又会使粮食减产，导致更大的动乱。

翻开我国的历史，饥饿和战争几乎总是如影随形地相伴出现；国泰民安则以老百姓手里有粮食为基础，熟知历史的中国人都知道粮食对于家庭乃至国家的重要性。美国人索尔·汉森在《种子的胜利》一书中写道：

谷物短缺常常是将怨恨不满转化为公开叛乱的导火索。4世纪初的中国皇帝晋惠帝（290—306年在位）听人禀报说老百姓没有饭吃，据说他问道：“那么他们为什么不吃肉粥呢？”后来，晋惠帝在“五胡乱华”时失去了一半的领土。

没有人怀疑小麦和面包的短缺对于触发法国大革命、俄国革命以及影响了欧洲和拉丁美洲50个国家的1848年革命起到了一定的作用。这种趋势一直持续到现在。在经历了高温热浪、洪水、火灾以及世界上最大的几个小麦生产国农作物歉收的第二年，“阿拉伯之春”革命浪潮首先在突尼斯这个世界上小麦人均消费量最大的国家爆发，这并非巧合。2011 年，突尼斯的小麦进口量减少了近 20%，价格飙升，在革命爆发前几个月，整个国家蔓延着针对食物危机的骚乱。在利比亚、也门、叙利亚和埃及的反抗运动爆发之前也发生过针对谷物价格的抗议和骚乱，在埃及，“aish”这个词既表示面包又表示生活。相比之下，阿尔及利亚政府积极应对食物危机，对谷物进行了大规模的投资，2011 年增加了 40%的小麦进口量，平抑了价格，还建造了大型仓储设备储备粮食以抵御未来的粮食短缺。尽管整个地区依然持续动荡，尽管 2012 年的粮食骚乱使新埃及政府感到不安，但阿尔及利亚政权依然稳固。

饥饿地图

联合国粮农组织数据显示，由于新冠肺炎疫情、极端气候、地缘冲突等影响，2020 年全世界有多达 8.11 亿人口面临饥饿威胁，比 2019 年增加 1.61 亿；全球 23.7 亿人陷入粮食危机，无法获得充足的食物，比 2019 年增加 3.2 亿人。这是历史上饥饿问题最严重的时期之一。

在联合国粮农组织发布的世界饥饿地图（Hunger Map 2020）上，在黄色、灰色和偏红色的区域，那里数以千万计的人口仍然在遭遇饥饿之苦。

放眼世界，缺少粮食、饿着肚子的人比比皆是，主要分布在非洲、亚洲和中南美洲的一些国家和地区。特别是2022年2月俄乌战争爆发以后，世界各地粮价持续走高，联合国世界粮食计划署等国际组织发布警告，在全球气候变化、区域冲突、疫情持续的多重打击下，2022年2月全球食品价格指数创下历史新高，这意味着会有更多的人在饥荒边缘徘徊。

中国人的饭碗，必须端在自己手里

“中国人的饭碗，始终牢牢端在自己手上，饭碗里也主要装的是中国粮。”习近平总书记多次强调，我国是一个人口众多的大国，解决好吃饭问题始终是治国理政的头等大事。党的十八大以来，“三农”问题得到了高度重视。我国粮食产量超过6亿吨，粮食生产能力跨上了新的台阶，粮食安全的综合保障能力全面提高。这是党和国家给全国人民，尤其是给广大农民带来的福祉。

五谷丰登之年，我们要继续坚持乡村振兴战略，坚定走好农业现代化道路，深刻领悟粮食安全的要义，更要看到我国人口众多、土地资源相对不足，粮食供求长期的紧张状态仍未打破，粮食增产幅度还不能完全满足消费刚性增长幅度。人类生存与发展依赖天时、地利与人和，粮食生产与安全更是如此。尊重自然、勤奋劳动、科学耕种是粮食产出的基本原则和基本方式。“三农”乃是“人类命根子”工程的主战线、主阵地、主力军。为此，全社会都应关注农业、关心农村、关爱农民。

粮食是人类生存和发展最基本的生活养料，是保证国家社会稳定和主权安全的战略物资。国家粮食安全至关重要，而确保人民群众吃得饱、吃得好、吃得安全也相当重要。习近平总书记指出：“食品安全源头在农产品、基础在农业，必须正本清源，首先要把农产品的质量抓好。”

“食”字，篆书是由“亼”和“皀”二字组成。“亼”是“集”的古文字，“皀”是“佳谷”的意思，亦可理解为“米”字。清代文字训诂学家段玉裁在《说文解字注》中说道：“集众米而成食也。引申之，人用供口腹亦谓之食。”民以食为天，粮食和农产品是人们赖以生存之本。为此，我们要加强粮食产、供、销领域的良民道德教育，确保粮食及食品质量“双安全”。

确保粮食安全还须培育国民的节俭意识与习惯。俭以养德、节粮惜福乃是中华民族的传统美德。时下，从领导、官员到平民百姓，节俭意识越来越强，珍惜粮食、文明用餐、饭菜适量、剩余打包、光盘行动、拒绝浪费已逐渐成为人们的习惯，这是中国人、社会文明进步的体现。富裕时代的节俭更多是对辛勤劳作的农民的感恩、对仍然挨饿的饥民的怜惜、对大自然资源的尊重、珍惜与保护。让我们做一名节粮惜福的文明人，为人类粮食安全做出贡献。

偷取茶产业秘密的英国茶商

中国是茶树的原产地、茶的故乡，拥有1000多年的饮茶历史。

自18世纪以来，茶叶长期成为中国最大宗出口商品，同时中国也几乎是世界茶叶出口市场唯一供给国。在鸦片战争前，茶叶一直是中国的拳头产品，从海路和陆路两个方向，中国的茶叶不断输往欧洲，赚回了数量极其可观的白银。从17世纪起，英国人便养成了喝茶的习惯。对于红茶，英国人有着别样的偏好。从皇家到民间，喝茶的习惯不断下沉。直到今天，英国人都喜欢在休息时美美地喝一杯茶。

在当时，中国是世界上唯一的茶叶生产国和加工国，为满足快速增长的全球需求，出产了大量的茶叶。茶叶一进入英国，就在英国的精英阶层中流行起来，而茶的价格对于普通人来说还是太贵了。不久，英国人开始大量进口茶叶，茶很快成为中英之间最重要的贸易商品。但英国的海外贸易公司如东印度公司，仍然只能在广州一处与中国进行贸易往来。

1848年10月的某一天，武夷山脚下出现了一主一仆二人。仆人年约20岁，身材瘦小，但眼中透着精明，一看就是掮客一类的角色。走在后面的主人身材高大，穿着和当地的乡绅没什么两样，但令人惊奇的是他的眼睛是蓝色的，剃光的胡茬透着一抹红色。武夷山有很多茶园，主人见到漫山遍野的茶树，眼睛里放出光来。但他几乎不说话，全程都是由仆人跟茶园老板交流。根据仆人的介绍，他的主人来自长城以北很远的地方，想要购买茶树和茶种。茶园老板信以为真，热情地给这位远道而来的客商沏茶，为他介绍茶叶从种植、采摘到炒青等一系列注意事项，甚至还带他参观了自己的茶叶生产车间。主人全程一言不发，只是记在心里，然后趁没人的时候将一切写进了笔记本。

其实他就是来偷艺的外国人罗伯特·福特尼。他把头发剃掉，化妆成中国人，潜入中国政府明令禁止外国人进入的茶叶产区，用各种办法把中国茶树和茶种子转运到印度——这有他给印度总督的书信为证。福特尼共盗取了13000多株茶树苗和大量茶树种子，以及茶叶生产技术的秘密。除此之外，他还通过威逼利诱等手段，非法招募了一批中国茶农到印度种植茶树。

他的偷盗行为不但兴旺了印度茶叶业，而且让他在英国也有了名望。他趁热出版了四本书:《漫游华北三年》《在茶叶的故乡——中国的旅游》《居住在中国人之间》《益都和北京》，讲述了很多和植物相关的问题以及中国的风土人情。这20年内，中国茶叶的出口开始大幅下降。

到了印度以后，罗伯特·福特尼彻底放开了手脚，在印度的大吉岭大肆种植茶树。由于英国人的科技十分先进，种植技术也比我国好，很快这些绿茶、红茶都获得了巨大的成功，而且质量比我国的茶叶还要好。在19世纪的一次世博会上，罗伯特·福特尼还恬不知耻地向世界各国推荐他所生产的茶叶，抢走了我国不少生意。他大放厥词，说他是自己研究的，没有任何证据证明他偷走了中国的机密，因而被中国人恨得咬牙切齿。

在罗伯特·福特尼的主导和英国的扶持下，印度的产茶业从无到有快速发展，很快就从中国手里抢走了第一茶叶大国的地位。到了20世纪初，中国茶叶在西方消费茶叶总量中的占比下降到不足10%，严重打击了中国的经济。一直到100多年后，中国再次成为世界主要茶叶生产国，而这100多年间造成的损失至少上千亿。

所以甚至有人认为，罗伯特·福特尼给中国造成的损失比鸦片战争还要大。

种子领域的惨痛教训

种子战争已经悄悄打了100年。在旧中国，有关种子的惨痛历史让现代人看来触目惊心。

有问题的美援种子

曾经担任北大农学系讲师的张纪增早年撰文说："美帝几家大的种子公司如西弗吉利亚的百比种子公司、加利福尼亚的鲁宾生父子种子公司、路易斯安那州康奈尔等种子公司都储存了大批的蔬菜种子，无处销售。"

无处销售的种子到哪里去了呢？它们以援助的方式来到了中国。中国朴实的农民欣喜地种下这些美援种子，却迟迟看不到发芽。张纪增撰文中提及1947年的一份文件，这份官方文件中载明"唯各该种子，在美采种期，有达四、五年以前者，恐于发芽率受有影响"。

1947年，美国向中国输送了870吨蔬菜种子，在25个省份推广。这些种子大部分失掉了发芽能力，因此推广面积越大，农民损失越大。

无独有偶，这样的事情现在也在发生，只不过是发生的形式略有不同。

2020年11月10日，美国国际开发署向饱受美军战火摧残的叙利亚"捐赠"了3000吨小麦种子，结果这些种子无一不被检测出严重的线虫病。使用后将严重影响作物产量，污染土地，不仅不适合种植，还可能对当地农业造成持续数年的危害！但很多不知情的叙利亚农民已经完成了播种，美国这一招真的格外狠毒。

这时候有人会说，以上行为是美国政府授意的。这些外国公司一向唯利是图，难道还能不赚你钱不成？

被掠夺的战略资源

地大物博的中国，种子资源也在屈辱的岁月里被一些国家或个人所掠夺。

著名农业科学家、北京大学原副校长娄成后曾经讲述："1920—1930 年前后，在岭南大学任教的美国三位专家接受美国农林部的津贴，在华南搜集柑橘、龙眼、荔枝、油桐等经济作物，取得了这些珍贵的种子资源后用于美国经济作物的改良，并把一些优质品种用于种植，取得了极大的经济效益。"

他认为："大家互相交流品种交流经验是好的，但是假借名义、肆无忌惮地搜刮品种调查资源，有来而无往，乃一个自主的国家所不能容忍的。"

美国政府十分重视植物种质的引种、研究和利用。早在 1819 年，美国的驻外领事就接到总统的指令，负责搜集有用植物种子送回美国。1839 年，美国国会通过法案将种苗引入费用纳入国家预算。1851 年，第一次正式派遣植物考察团到国外考察和搜集植物种子。1898 年，美国农业部成立了“种子植物引种处”，这在当时的全世界是独一无二的。他们开始有计划地组织大批“植物猎人”，前往世界各地搜猎农作物资源。这个机构从我国获取的种子和植物，至少有数千种。

施永高，1871 年出生在宾夕法尼亚州迦南镇，从小就对植物有着浓厚的兴趣。进入大学之后，他跟随多名著名的农学家学习。1891 年，施永高在新成立的美国农业部获得了第一份工作。在对农作物研究的过程之中，他逐渐意识到从国外引种植物的重要性和前景，因此工作重点逐渐转移到这个方向之上。

1898 年，种子植物引种处成立后，施永高以农业探险家的身份，开始前往各国寻找可以引种的农业植物，其中包括德国、法国、意大利等国家。施永高以自己在植物学上的天赋，筛选出最为合适的农作物，包括埃及棉、瓜类、葡萄、柑橘和无花果等。

施永高一生之中最为重要的研究主题就是柑橘。他的著作之中，有 1/3 是和柑橘类有关的。经过他培育的一些经典品种，在今天的美国还在广泛种植。

因为对柑橘类的深入研究，他将目光投向亚洲，亚洲是多种柑橘类植物的原产地。从施永高的笔记之中我们可以看出，他在中国游历期间，不仅研究柑橘类植物，还对中国的各方面都产生了浓厚的兴趣，无论是社会、历史还是文化。

施永高的笔记之中有不少柑橘类的草图，也有对中国乡村生活的描述，还搜集了不少茶叶和花卉品种。

施永高的同事多赛特曾经估算过，当时美国种植的农作物之中，有 95% 都是从国外引种的。施永高反复强调，其中一部分重要的物种来源于中国。在晚年之时，他总结说：“很少有美国人意识到我们主要的农业债权人是中国。”在 19 世纪末到 20 世纪初，数千种植物的种子被美国农业部的“植物猎人”从中国运送到了美国。这些种子不仅包括良好的农作物品种，还包括不少观赏植物。

对于中国优良植物的引种，以施永高为代表的“植物猎人”是毫不手软的。而从另一个角度上来看，施永高对中国农作物品种的研究也推动了中国农业文献的系统研究以及中国和美国之间的农业交流。

大豆种质资源的流失

我国从大豆原产国，到成为大量进口大豆的国家，这一过程是渐进的、悄无声息的，没有硝烟，却仿佛一场大豆领域的战争。事实上，关于大豆的种子战争早在100多年前就已经暗流涌动。

1898年，美国农业部派人来华调查，采集大豆种子。

1906年，美国农业部再次派人来华，从我国东北营口运回一大批优良的大豆品种。在此后的两年内，从我国采集了50个品种。

1925年，美农业部雇员多赛特到我国东北收集大豆品种，把1500份大豆种子带回美国。

1929年，一位名叫“莫尔斯”的美国人到中国东北地区，盗走中国的大豆种子。通过基因改良，在美国大面积种植，最终成为全球大豆资源最多的国家。这个叫“莫尔斯”的种子盗贼也成了美国大豆之父，而美国跨国农业公司孟山都成了种子大盗中最大的赢家。

1929—1931年，受雇于美国农业部的多赛特和摩斯到我国东北、朝鲜和日本收集大豆品种，得到4000多份种子样品。

金陵大学农学院美籍教授卜凯也曾送回1000多份大豆种子样品。

20世纪50年代，大豆包囊线虫病曾使美国大豆生产遭受了灭顶之灾。美国科学家在我国的野生大豆——“北京小黑豆”中，找到了抗病基因，成功渡过危机，并使美国超过中国成为大豆生产第一国。

第二次世界大战以后，美国把大豆产业扩张作为政治战略，这背后是中国大豆种子的支持。

1995年，中国变成大豆进口国。如今，中国进口大豆量达到9300万吨，对外依存度90%。中国为失去的种子资源付出了沉重代价。

印度棉农的喜悦和悲哀

美国孟山都的转基因棉花种子在印度使棉花增产，却也给印度棉农制造了一个陷阱。

引进“转基因棉花”，印度40万农民自杀

印度自杀率最高的地区是马哈拉施特拉邦的南印度毗达婆国（Vidharbha），每年约4000人自杀。这个邦也是种植孟山都转基因Bt棉种子面积最大的邦。通过把种子由可再生资源变成不可再生，使棉农每年必须高价购买种子。以前的棉花种子价格是7卢比/公斤。Bt棉种子的价格是17000卢比/公斤。传统棉花品种可以和粮食作物套种，Bt棉只能单一种植；传统棉种是雨养作物，而Bt棉需要灌溉；传统棉种可以抗虫，Bt棉虽说可抗棉铃虫，但是却带来了新害虫，为了控制这些新害虫，农民不得不比以前多喷洒13次农药。还有，孟山都在出售其转基因棉种的时候，欺骗说每英亩每年可以收获1500公斤棉花，其实农民平均只收获300到400公斤。高投入和靠不住的产出制造了债务陷阱。

从1997年至今，有三四十万印度农民自杀身亡，其中很大一部分是棉农。引进转基因棉花，种子涨价，棉农贷款，歉收，无法偿还，银行不再贷款，棉农借高利贷，无法偿还，倾家荡产，最后自杀——这个令人悲伤的链条展示了印度农民自杀的大体过程。2009年5月末，印度马哈拉施特拉邦东北的维达婆地区棉农郭卡在一棵杧果树下悲伤地怀念父亲。一天

前，他父亲因为无力偿还 850 美元债务而在此上吊自尽。和很多当地农民一样，郭卡也将父亲的死归咎于全球化的冲击和转基因棉花的大面积种植。

据国家犯罪记录办公室的统计数据，从 1997 年至今，已有约 40 万印度农民自杀身亡，其中很大一部分是棉农。人们将原因归咎于美国公司送来的转基因种子，试想，如果检疫严格、保障健全的话，仅仅一个转基因棉花种子，就能够让大批印度农民崩溃吗？

不断上升的自杀数字

来自马哈拉施特拉邦的提瓦里曾经是一名工程师，现在他的工作是记录农民自杀事件，唤醒全社会对农民生存状态的关注。

在他的办公室里，从地板到天花板都绘满了图表，上面记录着 2001 年至 2009 年维达婆地区所有农民的自杀事件。2001 年 52 起，2002 年 104 起，2003 年 148 起，2004 年 447 起，2005 年 445 起，2006 年 1448 起，2007 年 1246 起，2008 年 1267 起。2013 年高达 11772 起，每天自杀的人数就达 44 名。最常见的自杀方式是上吊和服毒，最多的时候平均每天就有 3 位农民自杀。印度政府专门进行了统计，最频繁发生自杀的地区是印度中部的棉花种植带。

引发悲剧的原因

远在大洋彼岸的美国密苏里州全球最大的种子公司孟山都是引发这些悲剧的主要责任者。该公司开发的一种转基因棉花，使得棉花自身能抵御天敌的侵害。起初，这种转基因棉花让印度的棉花产量翻了一番，棉农的收入也增加了。但好景不长，各种弊端随之显现。

首先，转基因棉花种子的售价为每英亩 35 美元，这对于年收入仅有几百美元的棉农来说是一笔不小的开销。为了购买种子，许多棉农不得不选择贷款；第二，转基因棉花需要更多的水来灌溉，而大部分的印度棉农都是靠天吃饭；第三，由于转基因棉花种子价格高昂，一些不法商家将假的转基因棉花种子卖给农民，农民损失惨重；第四，因为买到假种子或雨水太少导致歉收，农民无力偿还银行贷款，就可能会去借高利贷。如果第二年棉花再次歉收，甚至收成不如预期时，农民们就可能倾家荡产。转基因棉花种子贸易不仅改变了农业生产，也给印度社会带来令人始料未及的巨大变化。

转基因棉花出现之前，种子的开销仅占一小部分。如果当年的棉花歉收，农民们收入锐减，第二年的日子会苦一些，但还不至于倾家荡产。

但自从孟山都种子引进后，为了购买种子，农民们每年都要向印度国立银行贷款。但如果买到假种子或收成不佳，农民无力在当年还款，银行就会拒绝再次提供贷款，此时农民们只得找私人钱庄借款。此外，那些没有土地的农民根本无法从银行申请贷款，只能走风险更高的高利贷途径。在有些地方，高利贷的利息高达 100%。如果第二年棉花再次歉收，甚至收成不如预期，农民们就将进入债台高筑的恶性循环之中。

令人震惊的假种子案

2013 年，湖南省怀化市通道县警方通报，经过一年努力，破获了公安部督办的“美国黄金玉米”特大销售伪劣种子案。

一批美国黄金玉米的甜玉米种子，在中国香港和泰国，通过水客携带等途径走私入境，在多个省份种植。据称，这种走私方式已持续数年。正是这些未经检验的种子，2012 年使怀化市通道县 200 多亩玉米绝收。

年底，在中国政策科学研究会国家安全政策委员会主办的第十二届中国国家安全论坛上，国际关系学院教授李文良披露，湖南“黄金玉米案”走私的种子，不仅是劣质种子，而且部分种子可能含转基因成分。这个案件给人们敲响警钟。近年来全国究竟走私了多少玉米种子，无人知晓，这严重损害我国的粮食安全和国家安全。

200 多亩玉米颗粒无收

通道县位于湖南西南部怀化市南端，地处湘、黔、桂三省六县交界处。2012 年 5 月，该县“新兴之星蔬菜专业合作社”在熟人介绍下购入美国黄金玉米种子，在牙屯堡镇的多个村庄种植了 200 多亩。

正当农民对美国种子满怀期待之时，却传来坏消息：花几万元购买的 200 斤玉米种子发芽率仅 10%左右，200 多亩玉米颗粒无收。经当地农业部门检测发现，种子样品发芽率为 16%，大大低于国家 85%的要求，为不合格种子。综合评估，农民总共损失达60.48万元，这些农民中还有不少人是从信用社贷款的。

2012年9月，受害农民与种子销售商协商未果，向通道县公安局报案。通道县公安局于当年10月15日对该起非法销售伪劣种子案立案侦查，成立专案组，赴重庆、广东、湖南等多地侦查。

经侦查，这批种子来源于广东连州明丰种子公司，法定代表人是邹建明。该公司自2012年成立以来，大量引进未经国家检验检疫的美国黄金玉米系列种子，销往广东、广西、江西、湖南、福建等数十个县市种植；销售额达数百万元，种植面积数十万亩。

由于案情重大，该案被公安部挂牌督办。专案组迅速确定了“明丰公司”的上线公司“惠州盈佳农业发展有限公司”为涉案单位，其法人代表为李振耀。

2013年5月，专案组四下广东，在惠州将李振耀抓获。其后，李振耀供出其上线罗海鸿，“从罗海鸿那拿了2000斤奥普兰(美国黄金玉米种子)，然后直接原价转给了邹建明”。6月21日，罗海鸿在广州被抓获。

据了解，罗海鸿的太太是泰国人，他在泰国取得了绿卡。自2003

年以来，罗海鸿从香港、泰国的孟山都、先正达购进了50多吨的奥普兰、王朝、美亚101等玉米种子，未经过海关的报关检验，更未取得国家的许可批文。

种子走私威胁国家安全

通道县美国“黄金玉米案”虽已告破，但日益猖獗的种子走私给国家安全带来严重的威胁和隐患。

按国家有关规定，种子必须经过海关报关、检验检疫局检验才能通关。中国农科院研究员佟屏亚说，国家对种子进口有严格的法律规定，哪怕是经过批准的种子进口，到海关时都需要全面检查，要出具各种证明和报告等。如果没有证明，带一粒玉米种子进来都是违法的，海关可以直接没收。

为何大批量的种子能够进入内地，而且能够持续数年？主要是通过水客携带。有旅游团来中国旅游，他们就分批分包，要旅客带进来。据公安部门调查，种子走私已形成了利益链条：罗海鸿每1公斤付“水客”10元小费。到中国机场后，他再将分散到旅客手里的种子收集到一起。这种走私方式隐蔽性强，很容易骗过海关，成功出入境。

除水客携带，还有货车夹带、物流公司邮递等渠道。来往香港与内地的蔬菜车很多，罗海鸿在香港“先正达”公司办事处购买“奥弗兰”种子，藏匿于运输蔬菜的货车里，顺路走私到内地深圳、惠州、东莞等地。明丰公司的种子则是直接通过物流公司邮递。

涉嫌含转基因成分

2000年，我国《种子法》以及系列法律法规颁布实施。种子行业真正实现市场化和规范化，种子不再由各级政府一家经营，各种民营种子公司，甚至国外种子公司，都成为种子市场的一部分。

在这种竞争中，由于法律滞后，管理不到位，使这一初步形成的市场处于无序之中。参与调查的国际关系学院教授刘跃进表示，美国“黄金玉米案”是因为种子不发芽才暴露的，但通过这种渠道流入的种子不知道有多少。种子走私，已经成为长期存在于种子市场中的毒瘤。从国家安全管理视角来看，伪劣种子不仅坑害农民，如果种植面积较大，还会造成粮食安全问题。种子的风险具有全国性，就必然直接危害到国家安全。

走私玉米种子的源头“孟山都”和“先正达”以生产转基因种子闻名。有关农业专家对美国“黄金玉米”种子检测后发现，部分种子可能含有转基因成分。外来转基因玉米种子入侵，已成为我国粮食安全甚至国家安全高危隐患。

根据犯罪嫌疑人的口供，因为有框架性协议，美国“黄金玉米”由这些走私种子公司或个人回收，其中部分已流入包括世界著名快餐连锁店在内的食品、饮品公司。但无论如何，日益猖獗的种子走私活动，严重威胁到我国粮食安全和国家安全。检疫部门和农业部门应对流入我国的种子进行检疫检测，严格把关，以免继续祸害国人。

粮安天下，种子为先

中华人民共和国成立以来，我国种子行业经历了一次又一次的变革，从无到有，用占世界5%的耕地，养活了占20%的人口，取得了辉煌的成就。

1949 年，全国人均粮食只有 208.9 公斤

中华人民共和国成立伊始，百废待兴

以农业为主的中华人民共和国建立以后，在随后的 70 多年间，进行着一场艰辛的种子战争。袁隆平等老一辈科学家在这场解决吃饭问题和国家粮食安全的战争中，起到了极其重要的作用。

1949 年，全国粮食总产量为 11318 万吨，人均粮食只有 208.9 公斤（数据来源：国家统计局），低于世界平均水平。粮食缺乏，再加上战乱，饿殍遍野。

粮食总产量不高的原因中，包括粮食作物的品种繁多、种子质量不高等问题。1949 年的 12 月，第一届全国农业生产工作会议召开，确定推广优良品种为增产措施之一。

16 号，中央人民政府农业部发布了一条关于种子领域的重要信息：关于粮食作物品种鉴定和种子鉴定简易办法的指示（以下简称种子鉴定指示）。

时任农业部部长李书城，签发了种子鉴定指示。

许多人不认识李书城。中国共产党的早期领袖李汉俊就是李书城的胞弟。建党之初，党的活动中心就在李书城的“李公馆”。1921 年 7 月 23 日，中共一大在上海法租界望志路 106 号(今兴业路 76 号)李公馆正式开幕，后来才转移到嘉兴南湖继续召开。

1949 年 10 月 19 日，经周恩来总理提议，中央人民政府任命李书城为农业部部长。

五年良种普及计划

种子乃农业之本。中华人民共和国建立后，对于自力更生发展优良种子的意识非常强。一些农业专家发表文章反思中国种子领域遭遇的惨痛教训。

1950 年 6 月 26 日，福建省在落实种子鉴定指示中，特别提道：“本省水稻品种复杂，优劣不一。”福建省与其他省份一样，在有条件的县设立种子站，推进 5 年内完成良种普及任务。

种子站，与地方的农技部门，由此成为中华人民共和国种子品种改良的重要组成部分。

基层的种子站在全国建立之时，五年良种普及计划 1951 年开始实施。

现在来看，五年良种普及计划不可否认带有强烈的时代特色。第一年，以县为单位初选；第二年，县农场和良种繁育站进行繁殖；第三年，到乡村留种地繁殖；第四年，推广到农民大田；第五年，初选种进行普及。

通过五年普及计划，种子工作从无到有，由小到大。1956年，全国粮食产量增长到1.9505亿吨，人均粮食达到306.8公斤。

大力充实种子站

除此之外，国家还大力充实种子站。种子站为国家事业单位，非营利单位，负责繁殖种子和引进种子，同时还是种子工作的管理机关。通过技术服务站，在技术上指导和帮助生产队选种留种、保管种子，以及种子播种前的消毒处理、帮助生产队串换种子、地区之间调运种子等工作。

在粮食收购中，坚持“种子第一，不可侵犯”的原则，必须切实保证留足种子，不许把种子当作一般粮食和油料收购起来，顶征购任务。粮食部门要从购进的农产品中，选择一批纯度比较高、质量比较好的留做备荒种子，准备供应缺种的灾区，并制定备荒种子的保管、动用、调剂的管理办法和严格的措施。

对于文件里的那些名词，经历过生产队时期的人一点儿都不陌生——种子地、选种、留种、育种、种子站、良种、种子服务站、种子库、备荒种子，那都是平常生产时的场景。当时人们对良种非常欢迎。生产队在种粮食的时候，也是按照毛主席在《工作方法六十条》里讲的“种子搭配”，在一个地域内，一种作物同时种植几种品种。

共和国领袖眼中的种子

生产队时建立起来的一整套完善的种子保障体系，与共和国领袖毛泽东同志对种子问题的关注和推动有很大的关系。

毛泽东同志对种子重要性的深刻认识，可以从他的著述中以种子为比喻的话语中感知一二。

1935 年 12 月 27 日，毛泽东同志在陕北瓦窑堡党的活动分子会议上做了《论反对日本帝国主义的策略》的报告。他在讲到“长征”的意义时，把“长征”喻为宣言书、宣传队和播种机。关于为什么是播种机，他说：

“它散布了许多种子在十一个省内，发芽、长叶、开花、结果，将来是会有收获的。”

1936 年 12 月，毛泽东同志为总结第二次国内革命战争的经验，撰写了《中国革命战争的战略问题》。在这部著作中，他在分析中国革命战争的特点时写道：

“中国是经过了一次大革命的——准备好了红军的种子，准备好了红军的领导者即共产党，又准备好了参加过一次革命的民众。”

1945 年 2 月 15 日，毛泽东同志在中共中央党校做“时局问题及其他”的报告，分析了大革命和第二次国内革命战争失败的主客观原因，但同时也指出了所留下的“宝贝”，他说：

“这两个时期留下了宝贝，这个宝贝就是人。第一个时期留下的人很少了，是不是还有一两千人，要调查一下。人虽然很少，但这是一堆宝贝，一不是金，二不是银，比金银还贵重。第二个时期的人便多一些了，有多少呢？现在还保存下来

的党员有两万左右。第二个时期包括第一个时期有两万人或者两万人多一点，这一批人是很宝贵的。现在我们有一百多万党员，是哪里来的？是土里长出来的，种子就是那两万多人。”

1945 年 4 月 24 日，毛泽东同志在中共七大做政治报告，在讲到准备由游击战向正规战转变的时候，他指出游击的好处是像麻雀一样满天飞，哪里有东西吃，就飞到哪里去。他说：

“满天的麻雀就是种子，可以发很多芽。有了这个种子之后，党建立了，政权建立了，根据地有了，老百姓有了，饭也有得吃了，干部也锻炼出来了。”

1945 年 10 月 17 日，毛泽东同志从重庆回到延安，在延安干部会议上做“关于重庆谈判”的报告，在会上他鼓励将要奔赴前线的党员干部们说：

“所有到前方去的同志，都应当做好精神准备，准备到了那里，就要生根、开花、结果。我们共产党人好比种子，人民好比土地。我们到了一个地方，就要同那里的人民结合起来，在人民中间生根、开花。我们的同志不论到什么地方，都要把和群众的关系搞好，要关心群众，帮助他们解决困难。”

1958 年 3 月，中共中央在成都召开由部分中央领导人、地方负责人、中央有关部委负责人参加的会议，史称“成都会议”。讲到生产与消费、建设与破坏等对立统一和相互转化问题时，他说：

“播种转化为收获，收获转化为播种。播种是消费种子，种子播下后，就向反面转化，由种子变为秧苗，以后收获，又得到新的种子。”

从毛泽东同志拿种子所做的比喻来看，在他的认识里，种子是一种希望，是一种由弱到强的希望，一种由少到多的希望，一种由暗到明的希望。只要有种子在，希望就在，一切皆可期，一切都有可能。

抓种子建设，抓良种培育与推广，成为新中国成立以来农业的鲜明特点，逐步建立了一套完善的种子制度体系，构建了遍布全国城乡的种子机构服务网络。到20世纪70年代，良种推广面积一度达到了80%以上。

为了解决种子混杂退化、带病、带虫和品种单一的毛病，中共中央、国务院还专门出台文件加强种子工作，指出“种子工作，是农业生产带根本性的基本建设”，“良种是增加农作物产量的最重要的条件之一”。要求提高种子的纯度，恢复传统的优良品种，逐步更新优良种子，更换优良品种。解决的办法是生产队自己选留种子和种子工作机构培育、繁殖、推广两个方面结合。生产队要留有“种子田”，采取田间“穗选”“片选”等办法，选留粮谷种子。培育农作物优良品种的科学研究机构（包括农业院校的研究单位），繁殖良种的示范繁殖农场，推广良种的种子站（种子公司），这些种子工作的机构和科学技术队伍，必须系统地加以整顿和充实。要根据各个地方和各种作物的不同条件和不同要求，培育具有不同特性的（例如耐旱、耐涝、耐寒、抗病虫、早熟、耐肥、不倒伏等）、产量高、品质好的优良品种。各级农业部门，应该摸清当地的需要，提出关于良种性能和品质的具体要求，要求科学研究单位进行培育。科学研究单位培育出来的优良品种，还要组织区域适应性的试验。经过反复试验成功以后，再经过一定机关的鉴定，然后交由推广单位。在条件相同的地区，在群众自愿的原则下，积极推广。农业部门和科学研究机构，要随时注意良种推广中出现的问题，作为进一步研究和培育新种的依据。某些已经退化的优良品种，要积极研究，采取措施，使之复壮。种子工作的原则和方针是坚持党政领导、科学技术人员和群众三结合的原则，有领导、有组织地发掘民间传统的优良品种，重视农民群众选种育种的成就和经验，并且帮助他们，把他们的经验加以科学地总结和提高。

希望的种子

人们吃的小麦、水稻，其实都是植物的种子。但是，有些种子不是用来食用的，而是用来播种的。它们是种子粮，可谓“种子的种子”。

西谚有云：“不能靠吃种子过活。”千百年来，农人视“种地留种”为天经地义的事，那些个头大、质量佳的种子，被选出来储存好，其余的才作为食物。如果靠吃种子过活，来年就无粮可种、无粮可收，从而导致无粮可吃的结果。

吃不吃种子，在粮食充足的条件下，不难做出判断，但在粮食不足的情况下，却是必须面对的抉择。

1947 年年底，陕甘宁边区粮食供给困难，老百姓实在没有办法，最后将种子粮也吃了。彭德怀感到问题严重，和其他干部商议之后，迅速通知部队和地方不要吃种子粮，同时要求部队每人每天节约一两粮，帮助缺粮的老百姓度荒。

为了做好表率，彭老总在开饭前总是先问一句：“我今天的一两粮食省下来了没有？”在得到肯定答复之后，他才举筷进餐。在彭老总的带动下，大家坚定信念、共克时艰，度过了困难时期。

彭德怀的做法，体现了一种顾大局、谋长远的眼光。当时，吃种子粮的情况如果不制止，就会给春耕生产造成很大困难。因此，宁可眼前紧一点、苦一点，也要为将来多做打算。

中国有一句俗语：“宁肯饿死，不吃种子。”话虽如此，倘若真的濒临饿死的境地，能做到“不吃种子”绝非易事。现实中，这样的事真实发生过。

长征中，一位女干部带着炊事班长和几个战士落在队伍后面，3 天时间粒米未进。炊事班长好不容易从当地百姓家中买来几斤粮食，当女干部得知这是种子粮时，坚持让炊事班长把粮食送回去。结果，这位女干部活活饿死在草地里。

无独有偶。“二战”时期，列宁格勒遭德军围困，粮食极度紧缺。市郊有个种子研究所，储存着 10 多吨麦子良种。“种子是战后生产的源泉，是人民的希望，一粒都不许动。”研究所的数 10 名科学家抱定这样的信念，宁肯活活饿死，也没吃掉种子。他们用生命守护的良种，在战后恢复生产中发挥了不可估量的作用。为了纪念这些科学家，列宁格勒市民把这座研究所命名为“希望的种子”。

可见，吃不吃种子粮，绝不是农业生产的问题，而是关乎生死、关乎道义，体现个人与集体、当代与后代的关系，是一个大命题。“宁肯饿死，不吃种子”成为一些人的选择，体现的是家国大义、为民情怀，也是“我们能打赢”“明天会更好”的信念。

种业发展的历程

回顾历史，我国种业发展，大体经历了自繁自用、统一供种和市场化发展3个阶段。各个阶段是由生产方式、生产力发展水平及农村经济体制决定的，有其特定历史条件下的合理性。

自繁自用阶段（1949—1977）

中华人民共和国成立初期，农村土地归农民个人所有。在初级社时期，与个体经营相适应，生产用种主要是农民自繁。农民响应政府号召，就地繁育优良品种，多余的由政府预约收购调配。“家家种田，户户留种，种粮不分，以粮代种”是当时的真实写照。高级社时期，良种繁育逐步转变为主要由农场承担。人民公社时期，形成了主要由村集体自繁、自选、自留、自用，国家辅之以必要调剂的“四自一辅”模式。三年困难时期，农业生产陷入低谷，粮食紧缺，农作物种子出现严重混杂退化的局面。为此，全国建立以县良种场为骨干、公社良种场为桥梁、生产队种子田为基础的三级良种繁育推广体系。名义是三级体系，但由于技术水平不高，管理力量薄弱，种子“一年纯、两年杂、三年退化”问题十分普遍。这一阶段，种子没有商品属性，没有种子企业，也没有商品种子市场。

统一供种阶段（1978—2000）

我国改革开放以后，农村实行以家庭承包经营为基础、统分结合的双层经营体制，种业形成了布局区域化、生产专业化、加工机械化、质量标准化、以县为单位统一供种的“四化一供”模式。各地以种子站为基础建立垄断性的县种子公司，按照“不赔钱略有盈余”原则开展种子加工经营活动。1995年，国家开始实施包括良种选育、生产繁殖、加工包装、推广销售、质量管理为主要内容的“种子工程”。提出了种子产业化的发展思路，提升了良种化水平。到2000年，我国共育成并推广农作物新品种1210个，主要农作物品种更换率达56%。

同时，种子管理体制开始改革，种子站与种子公司分设，管理职能归种子站，经营职能归种子公司。种子站与种子公司是“一套人马、两块牌子”，职责、经费、人员没有做到完全分离。种子公司由于缺资金、缺技术、缺人才、缺管理，生产经营陷入困境，负债经营的占70%以上。这一阶段，种子经营管理实质上仍是政企、事企不分，种子市场仍是缺乏竞争的市场。但提出了政企分开、事企分开的改革思路并进而探索，使种子有了商品属性，为而后深化改革打下了基础。

市场化发展阶段（2000年至今）

2000年颁布实施的《中华人民共和国种子法》，为打破国有种子公司垄断经营，推动多元市场主体发育提供了法治保障，种业进入从计划体制向市场经济体制转型发展阶段。这一阶段有三个特点：一是种业生产经营由单一主体逐步向多元主体转变；二是种业发展由主要靠行政推动向政府推动加市场拉动转变；三是种子经营和管理体制全面实现政企、事企分开。在种子法的统领下，国务院及农业农村、林业草原部门先后制定出台了40多项配套法规和规章，各省、区、市制定了一批地方性种子法规，形成了以种子法为核心、多层次的种业法律法规体系，我国种业发展进入市场化育种和依法治理阶段。

中国粮用中国种

国以农为本，农以种为先。民以食为天，食以粮为先。

手中有粮，心中不慌。古往今来，粮食安全都是治国安邦的首要之务，是维系社会稳定的“压舱石”，是国家安全的重要基础。

党的十八大以来，以习近平同志为核心的党中央始终把粮食安全作为治国理政的头等大事。党的十九大报告更是旗帜鲜明地指出：“确保国家粮食安全，把中国人的饭碗牢牢端在自己手中。”“实施食品安全战略，让人民吃得放心。”

2013 年，习近平总书记在中央农村工作会议上首次对新时期粮食安全战略进行了系统阐述。他强调粮食安全的极端重要性：“我国 13 亿多张嘴要吃饭，不吃饭就不能生存，悠悠万事，吃饭为大。”

2018 年 4 月，习近平总书记在海南调研时再次强调：“十几亿人口要吃饭，这是我国最大的国情。良种在促进粮食增产方面具有十分关键的作用。要下决心把我国种业搞上去，抓紧培育具有自主知识产权的优良品种，从源头上保障国家粮食安全。”

我国是世界第二大种子需求国，近年来每年用种量约为 300 亿千克，价值达 500 亿元。

然而，自 2000 年国内种子市场对外资全面开放以来，美国杜邦、美国圣尼斯、荷兰瑞克斯旺等外资种业集团纷纷进入我国市场。凭借先进的技术，国际种业巨头不到 10 年，就占据了玉米、大豆等中国主要农作物的较大市场份额，致使我国部分种业公司面临被挤出种业市场、市场份额被蚕食、自主品

种被国外种子代替等困境。

以我国主要农作物玉米为例。10 多年前，美国玉米品种“先玉 335”以其“单粒点播”的优势，几年时间便抢占了我国市场的不少份额。高峰时，在我国的种植面积达到 2.8 万平方千米。“国外种子按粒卖，国内种子按斤卖”，种业创新的差距暴露无遗。

专家表示，部分品种依赖“洋种子”，市场价格和利润受制于人，会影响我国的价格主动权和市场话语权，可能给种植大户带来经济损失。如果出现极端断供情况，会影响农业发展速度、质量和效益。

粮食育种领域取得巨大成就

中华人民共和国建国初期，受限于当时的育种技术水平等因素，中国粮食种子的产量低、品质和抗病性也大都比较差。

水稻是中国第一大粮食作物，其产量占全国粮食总产量的40%左右。但在20世纪50年代，水稻品种大都是株高在1.5米左右的高秆品种，倒伏现象普遍。在较高水肥条件下越发严重，成为当时水稻高产的主要障碍。为此，水稻遗传育种专家黄耀祥带领团队开始了矮化育种研究，将其降为株高八九十厘米的矮秆品种，具有耐肥、抗倒、产量高的特性，亩产从250公斤提高到350公斤以上。

“这在世界水稻育种史上是一次重大突破，在世界农业发展史上被誉为‘第一次绿色革命’。”中国农业科学院副院长、中国工程院院士万建民评价说。

第二次绿色革命是常规稻向杂交稻的变革。从20世纪60年代开始，以袁隆平为首的育种专家团队开始杂交水稻研究，并在1973年培育成功，1976年在全国进行大面积推广。水稻亩产由原来的350多公斤提高到400多公斤。

据袁隆平农业高科技股份有限公司（简称“隆平高科”）水稻首席专家、湖南亚华种业科学研究院院长杨远柱介绍，此时的杂交水稻还是三系法杂交水稻。为寻求新突破，袁隆平带领团队从1973年开始研究两系法杂交水稻，于1994年研究成功，大大简化了育种程序、提高了产量，亩产达到450公斤以上。更重要的是，两系法杂交水稻的推广促进了超级杂交水稻的育种，亩产700公斤、800公斤、900公斤、1000公斤的目标逐步实现。目前，中国水稻亩产量为世界平均水平的 1.71 倍。

除了产量上的不断提高，水稻育种在抗病、抗虫上也取得了一定进展。据万建民介绍，条纹叶枯病、白叶枯病靠自主研发的水稻品种可以完全控制住。

小麦是中国第二大粮食作物，是中国北方地区最重要的口粮作物。新中国成立后，国内小麦育种大致经历了抗病稳产早熟、矮化抗倒高产和高产优质高效 3 个阶段。从 1949 年到现在，小麦单产量增加了 8 倍。主产麦区先后经历了八九次大规模品种更新换代，为单产和总产提高做出了重要贡献。

除了水稻和小麦，中国在玉米、高粱、马铃薯等其他粮食作物育种上也取得了很大成就，成功培育出数千个高产优质作物新品种组合，实现多次大规模更新换代。目前，中国良种覆盖率超过 97%，水稻、小麦、大豆等粮食作物已实现全部自主选育，玉米自主品种的面积占比也由 85% 增长到 90% 以上，用“中国种”养活了近 14 亿中国人。

世界第一个杂交油菜新品种诞生

1986 年 12 月 8 日，人民日报头版报道了《世界第一个杂交油菜新品种诞生》。

20 世纪 80 年代，陕西省诞生了一项领先世界的发明成果。李殿荣研究员经过 10 多年的努力，在科研条件极差的情况下，克服种种困难，率先育成了世界上第一个甘蓝型油菜细胞质雄性不育三系杂交油菜品种“秦油二号”，对我国油菜增产做出了巨大贡献。李殿荣被誉为“杂交油菜之父”。

1962 年，李殿荣毕业于中国科学院西北生物土壤学院，被分配到陕西省千阳县工作。1964 年，他被调到三门峡库区华阴农场。1971 年 10 月，农场决定让李殿荣去组建种子连，第二年 7 至 8 月让他组建试验站。他领着农工建成了两间“油毛毡”棚和一间茅草房。这里既是他们的宿舍和厨房，又是办公室、实验室和仓库。李殿荣从集市上买来一些瓦盆、瓦罐，分别贴上标签用来保管种子，还购买了一些简单的试验工具。就这样，简陋的科研机构开张了。

1976 年 4 月的一个上午，李殿荣意外发现在他的油菜杂交育种圃中有几棵变异的单株，这正是他要找的雄性不育株。它们的特征是花的雄蕊退化败育，无花粉。水稻、小麦、油菜等农作物雄雌同花，要实现杂交育种，首先要有雄性不育的植株，即雄性不育系；要有使雄性不育系产生后代且后代也是雄性不育的“保持系”；还要有与不育系杂交的“恢复系”。如果能实现雄性不育系、雄性不育保持系和雄性不育恢复系三系配套，就会繁衍后代，配成杂交良种。经过努力，李殿荣终于培育成功甘蓝型油菜雄性不育三系杂交良种“秦油二号”。

1986年12月6日，“秦油二号”在西安通过部级鉴定。12月8日，《人民日报》在第一版刊登报道。报道称，“秦油二号”是我国继20世纪70年代培育成功杂交水稻品种以来，利用杂交优势在主要农作物中进行育种研究方面所取得的又一重大突破。

1987年，“秦油二号”荣获国家发明二等奖、陕西省科技进步特等奖，被列入农业部“丰收计划”，在全国推广。“秦油二号”的选育成功，不仅推动了我国杂交油菜研究和应用的蓬勃发展，也对世界杂交油菜的科研和生产产生了深刻影响。但李殿荣并没有停止脚步。2006年，李殿荣和他的科研团队培育的高油双低优质油菜杂交品种“秦优7号”通过省级鉴定，其丰产性、稳产性、适应性居国内领先水平，繁育技术和推广应用居国际领先水平，是继“秦油二号”之后油菜育种领域的又一座里程碑。从此，“秦油”开始变“秦优”。此后，这一品种替代了“秦油二号”，成为我国2004年至2008年适种区域最广、年推广面积最大的双低优质油菜杂交种。

近十几年来，李殿荣和他的科研团队继续刻苦钻研，在高含油量育种、化学杀雄育种等方面取得了重大突破。他们将油菜种质材料的含油量从40%左右选育到60%左右，将杂交种的含油量从40%左右提高到50%以上，并育成了我国第一个也是目前唯一一个含油量超过

50%的国审品种“秦杂油 4 号”，真正实现了“一碗菜籽半碗油”的目标。

40 多年来，李殿荣和他的研究团队怀揣着让人民群众有油吃、吃好油的信念，克服重重困难，不断探索创新，取得了一项项重大成果，引领中国杂交油菜育种大步向前。李殿荣也先后被评选为国家有突出贡献的中青年专家、全国劳动模范、全国农业科技先进工作者、中华人民共和国成立 60 周年“三农”模范人物；先后荣获国家人事部专业人才一等功、中华农业科教奖科研杰出贡献奖、陕西省科学技术最高成就奖、2010 年度何梁何利基金科学与技术进步奖农学奖等奖励；被选为第七、八、九届全国人大代表和第九届全国人大常委会农业与农村委员会委员。

“种菜大户”的心头痛

你可能不知道，老百姓餐桌上最常见的食物——西红柿、茄子、黄瓜、辣椒、西兰花等，竟然不少都是“洋种子”长成的。

蔬菜种子造成的尴尬

蔬菜领域的部分品种极度依赖“洋种子”，市场价格和利润受制于人，会影响我国的价格主动权和市场话语权，可能给种植大户带来经济损失。如果出现极端断供情况，会影响农业发展速度、质量和效益。

黑龙江一蔬菜种植合作社种了1万多亩辣椒，其中1700亩尖椒和近1000亩圆椒使用的是以色列种子。“国外种子确实好，以尖椒为例，国内尖椒种子只能采两茬，国外种子可以采三茬，而且外形好看、市场认可度高，销售好价格高。”该合作社负责人说，就是进口种子价格太贵了，一亩地仅种子成本就1500多元。“算下来，一粒进口种子就2毛钱，以前播撒种子时，国产种子伴着沙土撒，进口种子就一粒一粒摆，生怕浪费了。”

近年来，西兰花产业在我国发展迅速。然而，我国西兰花种子供给却长期被日本、欧洲等地的种业公司垄断，广大西兰花种植户曾陷入“种贵”“无种”的尴尬境地。一种植户表示，像国外的一个品种，芝麻粒大小的种子一包10克，卖150元，还经常买不到。从日本进口的10万粒包装的西兰花

“耐寒优秀”，每袋从 3500 元曾涨到 2 万元左右。

前端成本的上涨还只是直接影响。由于我国西兰花具有“种植体量小”和“产业价值高”的特点，栽培面积只有 150 万亩左右，但相当于其他一般蔬菜 1000 多万亩的产值。一旦主栽品种种子供应不及时，就会耽误播期，直接影响我国销售市场的下游供应和出口贸易。

西兰花种植户相对集中，我国每年西兰花出口 14 万吨，在近千种蔬菜中出口占比较高，成为农民增收、脱贫攻坚的重要产业。我国有 20 多万亩耐热西兰花品种，国内没有耐热替代品种，一旦出现供应问题，农民将遭受损失。

与西兰花情况类似，同样严重依赖进口种子的甜菜产业，也存在类似问题。作为重要的糖料作物，我国的甜菜育种与国际先进水平相比还存在差距。我国甜菜产业中用于机械化精量播种的遗传单粒种，基本上靠进口。糖类专家表示，我国食糖消费量的 1/3 依靠进口，世界糖料供应整体处于紧平衡的背景下，一旦外国甜菜种子企业不能按时足量保质地供应种子，我国食糖产业的长期稳定供应就有可能出现问题。

为什么会选择“洋种子”

近年来，虽然国产种子研发能力逐步增强，市场占有率也稳步提

升，然而在部分品种尤其是蔬菜品种上，国产种子和“洋种子”依然存在一定差距。

福建省福州市闽清县白中源凤家庭农场负责人王永源从 2016 年起开始种植板栗南瓜，当时用的全部是国产种子。后来尝试了一些进口种子后，2018 年全部换成了进口种子。王永源说，他的产品主要销往超市和国外，对品质要求较高。2016 年使用国产种子长成的南瓜品质不稳定，部分指标没有达到要求。“相比之下，进口种子虽然价格高 1 倍，但品质稳定，所以还是选择了进口种子”。

江西省赣州市信丰县农伯乐蔬菜专业合作社理事长赖焕华指出，他曾尝试用过一些国产种子，但种出来的蔬菜在产量、质量和品相上和进口的还有差距。“一些国产种子在大田里种可以，但到大棚里就不行了。大棚蔬菜多为反季，对种子的抗病性、越冬能力要求很高。为了求稳，许多菜农还是选择跨国公司的‘洋种子’”。

除了质量，服务上的差距也是诸多经销商选择“洋种子”的原因。山东寿光种子经销商刘山介绍，像以色列海泽拉、荷兰瑞克斯旺等公司，一般都有专门的技术服务全程跟踪，一旦遇到问题会随叫随到。国内种企规模小，服务跟不上，轻则回避问题，重则以次充好、套用名牌。刘山感叹道，外企的服务让人省心，大多数经销商愿意出高价。即便出了问题，农民找上门来，还可以找到人来解决。

收复被“洋种子”占领的阵地

面对来势汹汹的“洋种子”，中国民族种业奋力突围，一点点“收复失地”，但国内与境外种业在品质、科研、投入方面的差距并未明显缩小，部分品种尤其是蔬菜品种的“洋种子”依然占据明显优势。

现在洋种子在种子市场的占比并不高

面对来势汹汹的“洋种子”，中国企业奋力突围，局部地区、局部品种的国产种子已经“收复失地”。“先玉 335”种植面积逐年下降，在抗倒性、抗病性方面也不如国内自主选育的品种。据介绍，目前“先玉 335”系列玉米种子种植面积已不足高峰时的 1/10。

近年来，我国种业创新能力得到大幅提高。我国农作物良种覆盖率在 96% 以上，自主选育品种面积占比超过 95%。我国水稻、小麦、玉米、大豆、棉花五大主要农作物中，水稻、小麦两大口粮作物品种已全部是我国自主选育的品种。国外选育的玉米品种已降到 10%，国外的棉花品种不到 5%，蔬菜自主选育的品种也占到 87%。“十三五”期间，良种对粮食增产贡献率已超过 45%。

蔬菜种子的反击

蔬菜曾是“洋种子”入侵最为严重的领域之一。如今，随着国内研发能力的增强，这一现象也有所好转，中国每年进口的蔬菜种子所占比例并不大。过去，辣椒、包菜、大白菜这些常见菜用的都是“洋种子”。现在，一些国内蔬菜种子公司已经成长起来。它们自己开发种子，并和全国众多种子经销商建立密切的合作关系，逐步占领市场；自主研发的辣椒、西红柿等蔬菜种子博得市场的青睐。

上海青这种广为人知的小青菜品种，还有上海白菜、苏州青、青江菜等多个名称，是华东地区最常见的小白菜品种。

但在前些年，这种原为上海本土产的小青菜90%以上的种源都是“日本造”。由于当时种源从日本进口，曾一度推高了市场上的菜价。

这个“秘密”是上海长征蔬菜种子公司总经理归为民在2000年去美国访问，在美国新泽西州一个农场参观考察时发现的。当时，日本上海青种子在美国的售价折合人民币高达500元/千克。而在中国，这种常规品种的青菜种子价格不过4元/千克。

归为民回国后发现，上海青是在中日建交后被日本一家公司引进日本的。后来，这家公司通过育种技术，将上海青改良成新的杂交品种

“华王”，即俗称的“日本上海青”，然后转卖到世界各地。

由于华王菜只开花不结果，无法依靠种植华王菜复制种子，种源就被日本人长期垄断。

著名农业专家赵亚夫介绍，所有的外国蔬菜种子都是杂交一代种，也就是通常人们说的采用“断代技术”，只能种一茬。留种再种时，就会出现严重退化现象。如果想继续种，就只能购买新种子。

但“洋种子”掌握在外国人手中，他们掌控着价格、市场。“定价权掌握在外国人手里，供货权也在他们手里，问题就很严重了。”赵亚夫说。

为了扭转上海青“日本造”的局面，归为民在查阅大量相关青菜育种方法后，开始了超越华王菜的上海青育种工作。2010 年，终于从培育出的新品种中找到一个综合指标超过华王菜的品种。这个历经 10 年培育出来的新品种，被命名为“长征 51 号”。

最具优势的是，“长征 51 号”的种子只需 20 元/千克左右，远远低于华王菜的种子价格，产量却比华王菜要高。在 2010 年以前，华王菜的种子在上海的价格达到 75 元/千克，远远超过本地青菜常规品种的价格。

发人深省的种业之问

在世界作物育种领域论文量国家排名表上，中国、美国、日本、印度、德国分列前五，中国的作物育种论文约占这一领域全部论文量的 20%。“然而，种业‘论文强国’为何没能造就‘种业强国’？”在 2019 年举行的中国种子大会上，农业农村部种业管理司司长张延秋提出的中国种业之问令人深思。

纵观世界种业的发展历史，可以说种业已成为农业先进科技的载体、价值链的起点，成为一个国家农业科技发展水平的标志。

然而聚焦国产种业，有一种对比让人充满困惑。一方面，我国有 400 多家科研单位、1.6 万名科研人员在从事种业研究，育种人员数量和论文数量都是世界第一；另一方面，国内种企多、小、散，难出大品种。

国内外种企的差距是多方面的。产品质量、服务上的差异直接看得到；还有很多看不到的东西，数据就是一类。主要原因在以下几个方面。

研发投入不足

长期以来，国产种业创新的重心集中在玉米、水稻、小麦等审定作物上，对蔬菜、水果等经济作物的重视程度不够。尤其是甜菜、向日葵、菠菜、胡萝卜、青花菜、洋葱等作物育种创新存在短板，种子对进口的依赖性较强。同时，中国蔬菜育种机构研究不均衡。据统计，从事西红柿、辣椒等茄果类蔬菜育种工作的单位比较多，黄瓜、西瓜、甜瓜等瓜类蔬菜次之；从事菠菜、芹菜、莴苣、芥菜、菜薹（心）、菜用大豆等特色蔬菜作物育种工作的单位少。

种业整体科技创新能力较弱，主要限制因素在于研发投入低。根据相关上市公司2016年年报，中国年销售额超过1000万元种企的年均研发投入，在营业额中的占比为3%左右，低于国际公认5%的正常线。即使是中国种企的佼佼者，投入连续3年超过5%的只有隆平高科和神农基因两家。这与跨国公司动辄每年10%、10亿美元以上的研发投入相比，不在一个数量级。上市公司尚且如此，缺乏资本市场支持的广大蔬菜种企可想而知。

大部分民营蔬菜种企几乎得不到科研项目支持，人才等育种资源匮乏。反观跨国公司，美国杜邦先锋的1.2万名职员中，1/3为研发人员；荷兰瑞克斯旺的研发人员占员工总数的43%；荷兰安莎的研发人员更是占到员工总数的50%以上。

数据积累是短板

蔬菜种子品种繁多，国外很多种企的种质积累达百年。

美国孟山都2000年建立了DNA数据库，目前一天的运算量在100万条以上，一年积累的数据量达上亿条。通过对不同环境、不同群体、不同个体的分析，基因型跟环境的关系清清楚楚，基因预测很准确。而国内种企还停留在用笔记本记录上，所有种企的数据加起来还没有孟山都一家的多。国内种企在分子育种、遗传育种、生物育种等方面的瓶颈不是三五年就能突破的。

从经验育种到精准育种，建立数据库的意义是重大的。常规育种一般需要 8 ~ 10 年，通过田间试验选择优良品种。进入精准育种时代，除了常规育种技术以外，还需要分子标记、生物技术、生物信息等技术。把过去单一的研发功能变成多功能研发平台，育种的精确度会大大提高，育种时间也会相应减少。

目前我国主要作物栽培品种基本收集齐全，但作物种质资源有效利用率较低。即便如此，种质资源储备和利用也只局限于国家层次的一些研究机构，种企的利用相当少。反观跨国公司，美国孟山都生命科学中心已完成大豆、玉米、番茄等品种的基因测序，可根据需要按照育种目标选择目的基因进行电脑配组，育种速度和选择优良性状的准确度大大提高。

产业链条脱节严重

综观民族种业的科研现状，种子企业最贴近市场，但创新能力不强，缺少以生产为导向的创新动力；科研院所的成果被束之高阁，成为“锁在铁皮柜里的成果”。与此同时，市场却在苦苦寻觅新品种、新技术。

我国育种人员数量居世界第一，长期保存农作物种质资源超过 40 万份，审定主要农作物品种超过 2 万个。基础研究不可谓不强，但种业产业却不强，关键就在产学研脱节。

一位曾在国外种企工作的科研人员表示，国外种业巨头已形成分工协同的完整研发体系，形成了专业化的“流水线研发”。而国内种子研发多数还停留在“工匠时代”，研发各环节还是割裂状态；部分育种项目就是为了完成任务，与市场脱节，具有推广价值的突破性品种少。

东南沿海一所农业大学的教授说，该大学一年承担 100 多项国家自然科学基金研究项目，但每年能进行成果转化的仅有十几项。其他项目中，除了一些基础学科外，有不少项目研究完了就束之高阁。全国

4000多家种子企业中，具备育繁推一体化能力的企业仅80多家，不到总数的3%。

“在从科研到生产经营的产业链条上，育繁推脱节的情况非常严重，导致总体育种水平徘徊不前，低水平重复。尽管培育了大量的新品种，但突破性品种不多。”现代种业发展基金有限公司专职董事吕小明说。

知识产权意识薄弱

近年来，我国种业发展迅速，育成品种数量成倍增长的同时，对种业知识产权的保护力度日益加大，种业市场规范了许多。然而，仿制、套牌等假冒侵权行为依然屡见不鲜，亲本材料丢失时有耳闻。业内人士表示，知识产权保护体系仍不完善，种业发展缺乏保障。

2012—2013年，杜邦先锋公司因涉嫌侵犯孟山都公司专利权以及违反协议被起诉到法院。后两家公司就该项技术专利权达成一项17.5亿美元的新协议。而我国对侵害品种权行为惩罚力度过低，法院一般判赔几万元至几十万元，惩罚力度的巨大差距，导致发展的巨大差距。

侵权成本过低造成我国当前仍存在不少种子套牌现象，即一些小公司用名牌企业包装袋来装自己生产的种子，这严重挫伤了科研人员的积极性。辽宁省一家市级科研院所的研究员说，从拿到玉米育种材料到育成一个稳定的品种至少需要5年，一旦千辛万苦培育的种子被套牌，谁还会耗巨资研发新品?

此外，种业专家刘石指出，由于缺乏足够的知识产权保护，国内的育种体系、育种单位和同一单位的不同育种者之间没有充分的信息与资源共享，国内以育种家个人为单位的育种活动不断重复育种思路、材料和组合。

据刘石估计，全国的育种投资约有2/3以上被浪费。这是导致我国科研水平无法缩短与世界先进水平国家距离的关键因素之一。

中国种业翻身仗

中央一号文件连续18年的主题都是农业，农业中，种子更是重中之重。一场种业翻身仗刻不容缓。截至目前，全国已经遴选出农作物品种4万多个，位居世界首位。水稻、小麦等大宗作物，我国自主选育品种率达到100%。蔬菜种子自主研发也已经提高87%。

袁隆平发起的水稻高科技育种团队成功跻身全球10大种业巨头行列；四大种业之一的先正达种业成功被“中化”并购。从坚守18亿耕地红线，到立志打一场种业翻身仗，中国人的饭碗都要牢牢地掌握在自己手中。

中国农业需要一流“芯片”

种业是国家战略性、基础性核心产业，是农业的“芯片”，是粮食安全的根基。中国种业迫切需要一场革命，来推动质量变革和管理变革。如何扛起“种业强国梦”的重担？如何为现代农业装上强劲的“芯片”？一系列问题需要中国种业在创新中解答。

让“锁在铁皮柜里的成果”回到田间，关乎中国种业创新发展的未来。农业农村部副部长张桃林指出，未来改革要构建以市场为导向、以企业为主体、产学研政结合的中国特色种业创新体系。推进良种联合攻关，创新体制机制，促进科企深度融合，打通上中下游创新链条，形成全产业链一体化的创新模式，加快培育和推广高产稳产、绿色生态、优质专用、适宜全程机械化的新品种。

由于水稻、玉米等大宗农产品的种子技术成熟、商品化率高、市场回报率高，在自由选择的条件下，多数科研机构和企业都会选择水稻、玉米，导致其他农作物科研水平逐渐落后。对此，中国工程院院士、南京农业大学教授盖钧镒指出，要推动形成合理的种业企业布局，大小作物兼顾，推动我国种业全覆盖，充分发挥耕地潜力。

加强分子育种技术研究，为种业国际竞争做好技术储备，也是专家们的心声。“如果不重视分子育种技术，万一未来与国际市场充分接轨，我国种业将陷入十分被动的局面。”一名长期关注分子育种技术的专家说，要鼓励更多符合条件的科研单位进行储备性研究，并保证一定的科研经费支持力度。

“此外，还要构建法制完善、监管有力、放管服结合的现代种业治理体系。要完善《中华人民共和国种子法》配套规章，推动《中华人民共和国植物新品种保护条例》修订，强化市场监管和知识产权保护，严厉打击假冒侵权等违法行为，激励自主创新、原始创新，强化种业可追溯管理和大数据服务，不断优化产业发展环境。”农业农村部副部长张桃林说。

南繁育种人的别样情怀

“杂交水稻的成功，一半功劳应该归功于南繁。杂交水稻已经遍植大江南北，但很少有人注意，几乎所有的水稻优良品种都是从海南繁育出来的。是海南培育了我，也培育了中国的杂交水稻。”中国工程院院士、“杂交水稻之父”袁隆平如是说。

素有“天然大温室”之称的海南南繁，是全国最大的育种基地。南繁的开创应用使农作物的育种周期缩短了 1/3 到 1/2。中华人民共和国成立以来育成的农作物新品种中，70% 以上都经过南繁。

南繁事业维系国家粮食安全和农业可持续发展。培育良种的重任，落在南繁肩上。一批批良种，结出沉甸甸的粮食，凝结的不仅仅是阳光、雨露和土壤的精华，也凝聚着无数育种家的辛劳与汗水。

在数十万科研人员的努力下，优良的水稻、玉米等品种诞生在南繁这片热土上，为“中国饭碗”铸造了最坚实的底座，创造了用不足世界 10% 的耕地养活世界近 20% 的人口的奇迹！

回顾 60 多年南繁的事业发展，一些重要发展阶段值得历史铭记。

南繁起步于 20 世纪 50 年代末。中国玉米杂交育种奠基人之一、农业教育家和作物育种家吴绍骙提出进行异地培育的建议：北方的玉米种子到南方可以正常生长；南方培育的玉米种子到北方还是能正常生长。

到 20 世纪 60 年代末，在当时的农业部和各省农业科研机构的推动下，南繁事业得到了重视和发展，全国到海南的有21个省区市和两个科学院3500余人；育种、繁种面积达5466.67公顷，农业南繁工作逐步确立；南繁作物品种已涵盖水稻、棉花、花生、烟草和豇豆等各类作物。

早期的南繁育种，农业院所和科研单位为主要力量，多为游击式南繁，表现为临时租地、作物分散，未统筹管理，不同单位之间缺乏交流。

第二个发展阶段在20世纪70—80年代，是南繁枝繁叶茂期，育种成果硕果累累，代表性的成果有三项：袁隆平院士、颜龙安院士培育出生产上需要系和保持系，找到较强优势的恢复系，杂交水稻亩产最高超过800千克，三系配套获得成功；1970年11月海南三亚南红农场发现“野败”现场；1978年，李登海培育的玉米杂交种在全国第一次突破亩产1500斤大关。这一时期，南繁的管理逐步规范。

第三个发展阶段在20世纪90年代，南繁育种成果突出，代表性成果有：1993年，中国农业科学院生物技术研究所郭三堆研究员育成拥有中国自主知识产权的转Bt基因抗虫棉，使中国成为世界上第二个成功培育抗虫棉的国家；中国工程院院士吴明珠经南繁培育出“9818”黄皮甜瓜，在美国试种成功，这是国产甜瓜第一次在国外种植成功；1995年，袁隆平主持的两系法杂交水稻研究再获成功，杂交水稻平均亩产再增10%。

这一时期，农业部和海南省设立了国家南繁工作领导小组办公室。自此，南繁工作有了省部共建的管理机构。全国有 20 个省区市相应成立了农作物南繁工作领导小组，并有 28 个省区市在海南省南繁基地设立了南繁指挥部。

南繁焕发生机是在第四个阶段：2000—2012 年。2000 年后，越来越多的种企加入了南繁的队伍中，市场为南繁发展注入新动力。

2013 年至今，是南繁蒸蒸日上的阶段。南繁基地植物检疫管理水平得到全面提升，海南省南繁管理局成立；国家对南繁基地建设与管理做出全面部署，力争用 5 到 10 年时间，把南繁基地打造成为服务全国、用地稳定、运行顺畅、监管有力、服务高效的公共科研育种平台。2016 年 6 月，通过海南省“多规合一”，在三亚、陵水、乐东三个市（县）划定了南繁科研育种保护区 26.8 万亩（三亚 10 万亩、陵水 8 万亩、乐东 8.9 万亩），全部纳入永久基本农田范围，予以重点保护，实行用途管制。划定了 745 亩科研建设用地，全部纳入建设用地范畴。

伴随着南繁的发展，是我国种业发展所实现的历史性跨越。

据不完全统计，南繁杂交水稻累计种植面积超过 3 亿公顷，占全国水稻种植面积的 60％以上，累计增收稻谷 4.5 亿吨，相当于增加收入 1.08 万亿元；我国杂交水稻种子年出口约 4.7 万吨，占全国种子出口量的 95％以上，而杂交稻育种研究，100％经过南繁。

目前，海南水稻制种田面积约 20.6 万亩，每年生产超过 4500 万公斤种子，可种植水稻 4500 多万亩，约占全国杂交水稻种植面积的 20％。玉米良种在全国大面积推广，产生了巨大的经济效益。自从我国全面推广玉米单交种以来，优良品种大体可算更新换代 6 次了。每次品种的更新都离不开南繁的贡献，南繁年玉米制种面积达 3 万亩。

共建“一带一路”粮食安全走廊

“一带一路”沿线总人口约 44 亿，大部分属于热带地区。特别是拥有6亿人口的东盟，随着经济特别是农业的发展，对种子和农业技术、农业设备的需求增强。南繁成为中国对接世界农业的一扇窗口、一个平台、一个示范区，成为实施“一带一路”倡议的桥梁。

目前，在“一带一路”倡议的推动下，海南把握住“海上丝绸之路”支点城市机遇，以“金稻米”为契机，积极推动与澜湄国家在农业、科研、教育、经贸方面的合作，为东盟国家6亿人口提供前沿农业良种和技术。

以南繁良种为媒介的对外合作交流日益频繁，旨在推动南繁成果走出去，在“一带一路”倡议中更有作为。

以南繁为抓手的隆平（印度）种子研发公司、天津天隆种业科技有限公司相继在东南亚国家成立，种业市场进一步拓宽；三亚与缅甸、印度明确了长期稳定的农业合作关系，为当地输送前沿农业技术，促进农产品贸易发展。其中，缅甸建立的3000亩杂交水稻制种基地，刷新了该国平均单产和最高单产纪录。

三亚市南繁科学技术研究院与梭罗大学签订合作备忘录，连续接纳了两批累计11名来自梭罗大学的农学专业学生进院学习，为双方科研合作奠定了基础，培养热带农业人才，把实用先进的技术带回去，加快南繁成果在外转化。

海南三亚国家农业科技园区吸引隆平高科、西科种业等10余家高科技种业公司落户，目标主要是面向东南亚市场，在海南打造外向农业发展的新名片，共同建设具有全球影响力的种业科技创新高地。

2021年4月23日，第四届中国（三亚）国际水稻论坛暨“一带一路”粮食安全走廊论坛在三亚举行。来自8个国家的300多名国内外专家学者围绕“南繁种，世界源；中国稻，世界粮”这一宗旨同台论“稻”，就如何用科技打好种业翻身仗，解决好种子与耕地问题等提供思路，为促进国家南繁发展、推动中国水稻引领世界、保障世界粮食安全提供智力支持。

论坛中，“一带一路”国际农业品种技术创新转移联合实验室和

“一带一路”国际农业品种技术评价筛选基地揭牌成立。两个机构由“一带一路”国际科学组织联盟与三亚南繁科学技术研究院等国内外10个机构共同筹备。借助海南自由贸易港政策优势，立足三亚，致力于实现国内先进农业品种技术走出去、国外先进农业品种技术引进来的战略布局。此外，论坛还为在华外籍访问学者和留学生准备了为期10天的“一带一路”水稻农业品种技术创新转移培训班。

本届论坛的举办，旨在聚焦国家粮食安全海南担当，升级“南繁硅谷”三亚引擎，共建“一带一路”粮食安全走廊，共享“一带一路”粮食安全成果，为世界粮食安全贡献力量。

我国建成保存量世界第一的农作物种质资源库

过去由于认识不足，我国作物种遗传资源多样性的破坏和丧失也异常严重。

1949 年，我国有 1 万个小麦品种(主要是农家种)在种植使用，到 20 世纪 70 年代仅存 1000 个品种在使用；野生水稻和野生大豆的原生境生长地已遭到严重破坏，面积越来越少。这种情况导致目前种植的玉米、甜菜、水稻等作物杂交种的遗传基础日趋狭窄，存在着遗传上的脆弱性和突发毁灭性病害的隐患。

由于受到党和政府的高度重视，特别是从“七五”以来，作物种质资源收集保存一直被列入国家科技攻关项目。在 1984 年建成我国自行设计建设的国家种质库 1 号库(后改为国家种质分发交换库)以后，又相继在 1986 年和 1992 年建成了国家长期库和青海复份长期库，完善了我国作物种质资源长期和复份相结合的保存与分发体系。在种质资源繁种入国家库贮

存方面，在短短10多年时间内，及时把31.8万份种质(隶属30属科、174属、600个种)抢救收集存入国家种质库，贮存数量名列世界各种质库的前列。

与此同时，建立起32个种质圃(含2座试管苗库)来保存凡需要以种茎、块根和植株繁殖保持种性的作物种质资源。据初步统计，入圃保存的作物种类50多种(类)，种质3.7万份，分属1026个种亚种。此外，还在中国农科院专业所建立了7座特定作物中期库，在全国各地农科院建立了地方中期库。

国家库(圃)贮存的资源不仅种类丰富，而且这些种质的80%均是在国内收集的，不少属于我国特有。其中国内地方种资源占国内收集资源的60%；稀有、珍贵和野生近缘种质占10%。这是作物育种的宝贵材料，为世界各国所关注。随着贮存种质种类、数量增加和贮存时间的增长，国家库贮存资源的宝贵价值和所发挥的作用越显重要。仅在1998年就为国家基金委重大项目提供600余份野生大豆的种原。

此后经过多年发展，我国作物种质资源保护与利用基础进一步稳固，建成完善了国家作物种质资源保护与利用体系。至2021年，全国作物种质资源保存总量超过52万份，位居世界第二。

2021年11月23日，农业农村部就全国农业优异种质资源及资源普查进展情况召开新闻发布会。农业农村部种业管理司副司长孙好勤就当年中央一号文件所部署农作物、畜禽、海洋渔业三大种质资源库建设情况进行了介绍。

孙好勤表示，国家种质资源库是确保我国农业种质资源长期战略保存的重要设施，对于应对各类自然风险、保障国家粮食安全、维护中华民族永续发展具有不可替代的作用，是“国之重器”。

国家农作物种质资源库建在中国农科院作物科学研究所，今年9月已建成并投入试运行。新库有三个特点：一是容量大。总容量达到150万份，保存能力从目前来讲位居世界第一，可以满足今后50年全国农作物种质资源安全保存、鉴定挖掘和新品种培育等重大需求。二是保存方式完备。基本实现了种子的超低温保存，还可以保存试管苗和DNA，覆盖了世界上所有植物种质资源保存方式。三是技术先进。保存技术达到或者优于联合国粮农组织标准，保存全过程实现了智能化、信息化。种子贮藏寿命可以达到 50 年，超过欧美等发达国家，保存寿命在全球是最长的。

目前，国家农作物种质资源保存体系涵盖了 1 个长期库、1 个复份库、10 个中期库和 43 个种质圃。其中的长期库就是已经建成的国家农作物种质资源新库，主要负责长期战略保存的任务，是整个保存体系的核心。复份库建在青海，承担着备份保存任务。中期库分布在北京、黑龙江、河南等 8 个省市，负责对外分发共享，以及向长期库、复份库输送资源。还有种质圃，布局在全国 38 个科研院所和高校，主要是解决果树等无性繁殖作物种质资源保存问题。

中国行动：保护生物多样性

挽救濒危物种，保护植物的多样性，具有重要的战略意义。

以云南梧桐为例。云南梧桐在1998年被认为野外灭绝，但在2004年，四川攀枝花国家级自然保护区发现一个幸存200余株的小种群。随后，中科院昆明植物研究所在2016年和2018年调查中，科研人员在云南境内重新发现了数个幸存种群。云南梧桐生长在金沙江干热干暖河谷两岸，其生境中乔木物种非常少。调查发现，云南梧桐在群落中是乔木层优势物种，甚至是一些群落中唯一的乔木物种。其根系能够伸入碎裂砂岩中固着，是高热、干旱、贫瘠地区理想的生境恢复和植树造林物种，价值非常大。

早在20世纪，生物多样性的保护已得到了全球性的重视。1992年6月，联合国环境与发展大会通过了具有里程碑意义的《生物多样性公约》。中国在1993年随即建立起履行“公约”的国家协调机制。

1995年至1997年，实施了“中国生物多样性国情研究”；

2007年至2010年编制了《中国生物多样性保护国家战略与行动计划》；

2011年建立了“中国生物多样性保护国家委员会”，并针对《生物多样性公约》的目标，实施了多项生物多样性研究和保护行动。

近年来，我国将生态文明建设提到前所未有的高度，同时全面开启了极小种群野生植物的拯救保护工作。

2017年，环境保护部、国家发展和改革委员会联合发文，明确把极小种群物种分布的栖息地纳入生态红线的划定。截至 2019 年，全国多个省设立省级极小种群野生植物名单，开展保护相关工作。以云南省为例，2009 年至 2017 年，全省累计投入极小种群野生植物拯救保护专项资金 2000 多万元，实施拯救保护项目 92 个。内容包括专项调查、科学研究、就地保护、近地保护、迁地保护与种质资源保存、野外回归和监测、科普宣传等方面。

据 2019 年生态环境部公布的数据，我国已经建设了 2750 个自然保护区，总面积为 147.17 万平方千米，陆地自然保护区占陆域国土面积的 14.86%。近年来多起私自进入自然保护区的驴友被保护区管理部门通报的事件，也从一个侧面说明我国自然保护区建设管理水平在大幅提高。

自然保护区对生境和物种的就地保护，是立竿见影的。它直接阻止了生境和其中的物种继续受到人为干扰，从而能得到繁衍和长期生存的保障。

此外，我国建设的各类型植物园已达 100 多家，加入植物园联盟的有 116 家。植物园是物种迁地保护的基地，是物种多样性保护的挪亚方舟。2007 年，投入运行的中国西南野生生物种质资源库，保存着来自国内外的大量野生植物种子、2 万多种各类种质资源和我国 30% 野生植物的种子，是目前亚洲最大、世界第二大的野生植物种质库。

来之不易的辉煌

农业是百业之基，粮食是立足之本。中国政府高度重视粮食和农业生产，始终把解决好吃饭问题作为治国理政的头等大事，用不到9%的耕地解决了14亿多人口的吃饭问题，为世界粮食安全做出巨大贡献。而先进的育种技术正在成为促进中国现代种业跨越式发展的重要支撑。

谁来养活中国

20多年前，美国著名学者莱斯特·布朗在其著作中提出“谁来养活中国”的议题，一度引发全世界关注。2019年10月，国务院新闻办发布《中国的粮食安全》白皮书。向国际社会全面介绍了中国的粮食自给能力、粮食支持政策、粮食市场开放等问题。2015年至今的粮食总产量稳定在6.5亿吨以上，走出了一条中国特色粮食安全之路，也为解决世界粮食安全问题提供了中国方案。

我国农作物良种覆盖率在96%以上，自主选育品种面积占比超过95%。其中，水稻、小麦两大口粮作物品种已实现完全自给。良种对粮食增产贡献率已超过45%。

我国作物单产显著提升，粮食总产连续5年超过6.5亿吨，粮食作物满足基本自给，口粮实现绝对安全。其中，水稻和小麦等口粮作物生产保持稳定，基本实现供需平衡；玉米生产发展迅速，总产保持快速增长势头；大豆生产得到恢复性增长；杂粮作物有升有降，总体保持稳定。

2021 年全年全国粮食总产量 68285 万吨，比上年增加 1336 万吨，增长 2.0%。粮食产量再创新高，畜牧业生产稳定增长。中国粮食产量取得“十八连丰”，而且自 2015 年以来，连续 7 年保持在 1.3 万亿斤以上。坚持把饭碗牢牢端在自己手中，保证了粮食市场的基本供应。

在全国粮食产量再创历史新高的同时，我国的粮食进口量也创下历史新高。据海关总署数据显示，2021 年 1 月至 12 月，中国进口粮食 16453.9 万吨，同比增长 18.1%，占粮食总产量（68285 万吨）的 24.1%，粮食对外依存度为 19.4%。

中国是人口大国、是世界上最大的粮食生产国和消费国。相对于全球主要农产品生产国，中国农业的竞争优势总体呈下降趋势。新时代新征程，中国将以更有力的举措，汇聚各方合力来推动粮食和农业系统转型。

首先，是藏粮于技。要解决种子卡脖子的问题，加强种质资源的科研投入，巩固提升重要农产品保障水平。保证粮食生产稳定的同时，加大大豆、油菜、花生等油料信息作物的种植，确保蔬菜、畜禽、蛋奶和水产的供给。

其次，是藏粮于地。坚守全国耕地数量红线，在全国范围内大力推广保护性耕作，全面推进长江“十年禁渔”，修复生态环境。因地制宜建设农业绿色发展先行区，发展节水农业和旱作农业，推进化肥农药减

量增效，促进农业碳减排和绿色发展。

我国生物育种专利申请量排名第一

2021年9月28日，国家知识产权局知识产权发展研究中心在京发布《生物育种产业专利导航研究成果》。研究成果显示，生物育种产业近10年来专利数量快速增长，我国生物育种专利申请量排名第一。

党中央、国务院高度重视生物育种产业和相关的知识产权问题。2021年7月9日主持召开中央全面深化改革委员会第二十次会议时强调，农业现代化，种子是基础，必须把民族种业搞上去，把种源安全提升到关系国家安全的战略高度，集中力量破难题、补短板、强优势、控风险，实现种业科技自立自强、种源自主可控。这次会议审议通过的《种业振兴行动方案》提出，要启动种源关键核心技术攻关，实施生物育种重大项目，持续推进“南繁”等“育制种”基地建设，扎实推进知识产权保护，实现种业科技自立自强、种源自主可控。《知识产权强国建设纲要(2021—2035年)》中也提出要“围绕生物育种前沿技术和重点领域，加快培育一批具有知识产权的优良植物新品种，提高授权品种质量”。2021年中央一号文件(《中共中央国务院关于全面推进乡村振兴加快农业农村现代化的意见》)强调，加强育种领域知识产权保护；发展绿色农产品、有机农产品和地理标志农产品。

为落实重要指示精神和党中央、国务院部署要求，有效利用专利信息分析导航，引领生物育种关键核心技术创新，强化种业知识产权保护，推动繁育制种基地高水平建设，助力我国种业振兴，知识产权发展研究中心以海南崖州湾科技城为研究样本，开展了生物育种产业专利导航研究。

据悉，该研究通过专利大数据分析，梳理了生物育种产业和专利技术的发展现状和趋势，重点明晰了分子标记育种、生物育种、基因编辑育种关键技术的专利布局、发展路线、专利风险。对具有重要影响的大型跨国育种公司的专利布局状况进行研究，研判其在知识产权方面对我国分子育种行业的影响。在此基础上，研究团队重点选取有“南繁硅谷”之称的三亚崖州湾地区作为研究对象，结合该地区生物育种产业和专利现状进行分析，提出了相应的专利导航建议。

研究表明，当前全球生物育种专利申请量呈上升态势，尤其近 10 年来进入快速发展阶段。中国和美国是主要专利申请国。三大种业巨头陶氏杜邦、孟山都和先正达在专利申请量上优势明显。在生物育种关键技术创新中，分子标记辅助育种技术相关专利申请数量较多；其次是基因种质资源相关专利。由于分子设计育种兴起较晚，当前申请占比还较小。

此外，生物育种国内专利申请中，北京、江苏、广东、山东排在前列。中国排名前十位的国内申请人均为高校和研究机构，排名前三位的是浙江大学、中国农业大学、南京农业大学。当前我国生物育种产业对已有的大量专利需要明确产业化路径和加快技术转移转化进程。此外，国内申请人的海外专利申请少，需加强国际化布局。

研究还表明，承载国家“南繁硅谷”建设任务的三亚崖州湾地区专利申请量 67 件，目前其中 31 件获得了专利授权。专利主要集中在高科技育种领域，在新兴基因编辑育种领域也有部分专利申请。虽然当前专利申请总量较少，但发明专利申请占比较高，专利授权率也较高。报告建议，继续把握三亚崖州湾在作物种质资源和入驻单位机构育种研究方面的基础优势，积极进行专利布局和保护。

我国的水稻生物育种技术走在世界前列

目前，我国在水稻分子模块设计育种技术方面优势明显，引领了国际育种发展方向。

多数农艺（经济）性状受多基因调控，并具有“模块化”特性。因此可以综合运用基因组学、计算生物学、系统生物学、合成生物学等手段，解析高产、稳产、优质、高效等重要农艺（经济）性状的分子模块，揭示分子模块系统解析和耦合规律，从而通过多模块的组装培育出新品种。

中国科学院遗传与发育生物学研究所研究员李家洋院士团队培育的中科 804 等粳稻新品种，就是运用分子模块设计育种的理念和技术，经过精准设计，耦合了粒型、抗稻瘟病、优异稻米品质、抗倒伏等分子模块的标志性品种。中科院遗传与发育生物学研究所研究员傅向东利用氮高效分子模块培育出的中禾优 1 号，在减少氮肥的情况下实现了增产。

瞄准未来，中国科学院设立了种子精准设计与创造战略性先导科技专项，力争在种业科技领域取得重大理论和关键技术突破，抢占种子创新科技的制高点。

种子精准设计与创造专项聚焦水稻、小麦和鱼，通过理论精准控制、技术精准设计和产品精准创造，创制增产提质、减投提效、减损促稳设计型新品种，引领育种技术从分子育种到精准设计育种的跨越。李家洋院士团队基于精准设计创造新作物的理念，对原始野生稻的基因进行精准改造，成功创制了落粒性降低、芒长变短、株高降低、粒长变长、茎秆变粗、抽穗时间缩短的水稻新材料，将野生稻的驯化过程从数千年缩短到 10 余年，为将来培育水稻新作物提供了技术路线。

人民的功臣

自古以来，我国就是以农耕为主的国家。俗话说，国以农为本，农以种为先。

党的十八大以来，我国种业深化改革和现代化步伐进一步加快，民族种业发展迎来前所未有的黄金机遇期，涌现出一大批无私奉献、不懈追求、投身种业改革的代表人物。他们为保障国家粮食安全、推动民族种业发展做出了重要贡献。

本部分主要介绍新中国成立以来种子发展中成就突出的部分育种科学家。他们是和平年代的英雄，是人民的功臣。他们辛苦研发的一粒种子，可以造福万千苍生。

“严谨求学，以农救国”的丁颖

丁颖是中国农业科研和农业教育的先驱，是中国优秀的农业科学家和教育家之一。他集中华民族的传统美德、科学家的优良作风与教育家的良好学风于一身，其高尚品德和崇高精神将不断传承与发扬，激励后来者在崎岖的科研道路上努力奋进。

少年立志，以农救国

20世纪初，在广东高州中学毕业时的同学聚会上，同学们群情激昂地讨论时事，各执己见。一位少年坚定的话语掷地有声：“诸君！当今之血性青年，当为农夫温饱尽责尽力，我决意报考农科。”他就是后来精心育种、造福苍生的丁颖。

从私塾童蒙书馆考上县城洋学堂高州中学后，他积极参加新高学社，满腔热血与志同道合的同学一起议论时政。然而在他印象中，记忆最深刻的永远是父亲以及无数个农民面朝黄土背朝天的辛苦耕作。他深知，含辛茹苦的父亲举债送自己上学，自己才有机会成为丁家第一个读书人。因此丁颖分外珍惜这难得的读书机会，他背负着家族的殷切期望，在漫漫求学路上努力前行。

丁颖暗暗立志要以科学救国为此生夙愿。在广东高等师范学校博物科学习一年后，他以优异成绩考取了公费留学日本。1912年9月入东京第一高等学校预科学习日语，1914年6月曾一度回国，后又于9月考取日本熊本第五高等学校继续学习。1919年毕业前，适逢国内掀起五四运动，东京的中国留学生为声援祖国的学生运动上街游行示威，遭到日本军警的血腥镇压。丁颖气愤之余，不愿再留学日本，加上家境拮据，决定辍学回国。他先后在高州中学、高州农校任教，后来改任广东省教育厅督学。

丁颖不仅厌恶贪污腐败、徇私舞弊的官场，也痛恨旧中国的各种顽疾，希望用科学来改变中国的落后面貌，渴望继续深造，寻求科学救国救民之路。他于 1921 年 4 月第三次赴日，考进东京帝国大学农学部攻读农艺，成为该校第一位研修稻作学的中国留学生。

学成回国后，丁颖在广东大学农科学院（中山大学农学院的前身）任教授。在教学同时，他积极开展水稻灌溉和吸肥规律的研究，并对广东粮食生产问题做了多项调查，写出《改良广东稻作计划书》和《救荒方法计划书》，建议政府每年拨出 1%的洋米进口税作为稻作科研经费。但这些饱含拳拳学子之心的诸多建言，如石沉大海，毫无着落。面对重重困难，他没有气馁。

1926 年的一天，丁颖头顶草帽，在广州东郊的田间地头顾盼徘徊。他东瞅瞅，西看看，突然，眼前一亮，急步上前，蹲在一株外形和水稻相似但又有不同的绿苗前。他按捺不住内心的喜悦，这是野生稻啊！发现野生稻后，他紧接着开始查证了大量的资料，提出我国是栽培稻种的原产地之一的论证。首创把水稻划分为籼、粳两个亚种，并运用生态学观点，按籼—粳、晚—早、水—陆、黏—糯的层次，对栽培品种进行了分类。经过大量试验，他首次用野生稻与农家种杂交育成了优良新品种"中山 1 号"。该品种被推广后，历时 50 年而不衰。此外，丁颖还培育出其他许多优良品种，为提高我国水稻产量和品质做出了巨大的贡献。

1927 年，丁颖拿出自己的部分工资积蓄补充科研经费的匮乏，在茂名县公馆圩筹建了我国第一个稻作专业研究机构——南路稻作育种场。随后，他又用"卖青草"预售良种等办法解决经费困难，先后增设了石牌稻作试验总场和虎门（沙田）、东江（梅县）、北江（曲江）等试验分场，旨在选育优良稻种，改进栽培技术，对发展华南粮食生产做出了贡献。1938 年，日军侵入广州，他们的科研基地除南路稻作育种场外，均遭浩劫，部分同事惨遭杀害。中山大学西迁云南，他冒着生命危险抢运稻种和甘薯苗。后来学校从云南移回粤北坪石，抗战胜利后，再迁回广州。抗战期间，中山大学三易校址，颠沛流离，元气大伤。中华人民共和国成立前夕，校方酝酿再次迁校海南。他为了维护教育事业和学校财产免遭损失，毅然加入地下党领导的护校行列，反对迁校，并不顾身家安危出面保释为此而被捕的同学。

在发现野生稻10年之后，丁颖用印度野生稻与广东农家栽培稻杂交，获得了世界上第一株“千粒穗”，一穗多达1400多粒。这项成果当时轰动了东南亚稻作科学界，日本的《农业及园艺》杂志立即刊登了照片。

求真务实，为科研育人全力以赴

1949年10月1日，中华人民共和国成立，百废待兴。

在新形势下，丁颖爱农为农的决心越发坚定。他决定秉持无私奉献、潜心科研精神继续进行稻作试验。即便是遇到重重困难，他也从不气馁，知难而进。幸运的是，他的稻作试验得到了人民政府的大力支持。他受命筹建华南农学院，1955年4月，被国务院任命为华南农学院第一任院长。1956年，丁颖光荣地加入中国共产党。1957年9月，他被国务院任命为刚成立的中国农业科学院院长。他的工作范围、科研领域更加广阔了，他的足迹遍及全国稻作地带。

▲工作中的丁颖

在治学上，他始终保持严谨、求真、务实的科学精神，一丝不苟，坚持发表文章必须对科学和生产负责，更鄙视把文章作为追求名利地位的手段。他写文章都要经过深思熟虑，反复推敲。就拿《中国栽培稻种的起源及其演变》一文来说，1926 年他在广州发现野生稻之后，即开始思索并陆续征询了历史学、文字学、人类学、分类学等专家的意见，直至 1957 年才最后定稿;《农业科学为农业生产服务》一文也是经过 10 次修改后才交稿。就连校对工作，也是自己亲力亲为。

他曾多次语重心长地告诫大家：切勿忘记农民的地皮是连着肚皮的。他经常教育后辈，要取得科学成就，必须实事求是，深入实际，掌握第一手材料。1963 年，他已是 75 岁的老人，但在考察西北稻区时，仍不顾年迈体衰，坚持赤脚下田，体察雪水灌溉对稻根生育的影响。细看、多问、勤记是他的一贯作风。

高风亮节，成就大家风范

丁颖的著作和学术论点，经得起实践和历史的考验，这与他严谨治学、深入实际的学风是分不开的。矢志为民的献身精神，是他取得事业成就的力量源泉；实事求是、严谨治学的作风，是他取得科学成果的保证。

在个人生活方面，即使面对一些困难，组织上主动提出帮助，丁颖也从不让组织上给予照顾。在华南农学院工作期间，时任中共广东省委书记陶铸常到他家去拜访，征询发展广东农业生产的意见。见他住房简陋，提出要为他另建新居，以改善工作和生活条件，他婉言谢绝。解放前他的女儿希望考上某公立中学以减轻家庭负担。该校校长是他的学生，但他就是不答应写介绍信。中华人民共和国成立后，他的另一个女儿报考华南农学院，差 2 分未上录取分数线。他坚持一视同仁，不予特殊照顾。抗美援朝战争爆发后，他毅然送两个女儿参军。

丁颖一贯生活朴素，勤俭节约。抗战期间，他以红米营养价值高、萝卜干维生素含量丰富为由，教诲孩子们过粗茶淡饭的生活。每当桌上撒落饭粒，就成为他开展“谁知盘中餐，粒粒皆辛苦”的教育话题。他爱惜公物已成习惯，在试验地发现遗落的一把镰刀、一根麻绳都要拾起来送到仓库。甚至连一些旧纸、信封也要收拾起来再用。中山大学迁校到粤北期间，他任农学院院长，经常夹着鼓鼓囊囊的公文包来往于农学院与校本部之间的山区。一次遭到土匪拦路打劫，广东省政府为此给他赔偿损失，他分文不留，如数交给农学院购买兽药为农民防治牛瘟。他的清廉作风和为农民造福的高贵品德，使匪徒深受感动，自觉把抢劫之衣物附上道歉信寄还给他。1948 年，晚辈集款购买一只怀表和一支自来水笔祝他 60 岁诞辰，他一直随身使用到 1964 年去世，成为他身上最贵重的遗物。

在日常生活中，丁颖关心他人胜过关心自己。每当同事生病或遇到困难，他都抽空探望，宁可自己节衣缩食，也要助资赠药。对于来访的客人，不分职位高低，他都起立迎送，热情接待。他爱学生如子弟，总是谆谆诱导，诲之以理，导之以情。到了晚年，他不顾年事已高，仍亲自主持水稻生态研究，主编《中国水稻栽培学》。出任中国农业科学院院长后，每年都带领科技人员到各稻区实地考察，总结经验，为发展我国水稻生产和科技事业呕心沥血，鞠躬尽瘁，是备受中国人民崇敬的农业科学家。

他曾先后代表国家赴苏联、民主德国、捷克斯洛伐克、缅甸等国考察和进行学术交流。1957 年，他主持了有中国、苏联、越南 3 国学者参加的武汉水稻科学技术会议。1964 年 5 月，为参加 8 月在北京举行的有 10 多个国家专家参加的科学讨论会，他到宁夏、甘肃、山西、陕西、新疆连续跑了 3 个月。会上他做了水稻光温生态学术报告。会后，操劳过度的丁颖病倒了，可病情稍有好转，他又赶到山东考察做学术报告。其间，由于病情再度发作，他被送回北京医院。

由于一生风餐露宿，操劳过度，丁颖罹患胃癌，于 1964 年 10 月 14 日病逝。悼词中概括了他的一生：“充分表现出一个又红又专的科学家的高尚品德，为我国农业科学技术工作者和农业教育工作者树立了光辉的榜样。”一些国外水稻专家也发来唁电，深切哀悼这位杰出的农业科学家。为纪念发扬他的学术成就和高尚品德，相关部门在他诞辰100周年之际，举办了丁颖纪念大会和学术讨论会，并在华南农业大学修建了丁颖塑像，供人瞻仰怀念。

丁颖“严谨治学，以农救国”的精神必将永远激励后人不断奋进。

杂交水稻之父——袁隆平

袁隆平，杂交水稻之父，共和国勋章获得者、中国工程院院士，是享誉世界的著名育种科学家，也是世界上第一个成功利用水稻杂种优势的科学家。功勋卓著、国士无双的袁隆平，因多器官功能衰竭，于2021年5月22日13时07分在长沙逝世，享年91岁。这一消息让全国人民为之悲痛！2004年，“感动中国”的颁奖词称：“当他名满天下的时候，却仍然只是专注于田畴，淡泊名利，一介农夫，播撒智慧，收获富足。”是的，我们都在袁隆平的“稻穗下乘凉”。

坚定梦想，与水稻结下不解之缘

亲历过抗日战争、解放战争，目睹过遍地饿殍，“吃饭”问题成为袁隆平下决心解决的问题。“禾下乘凉梦”，这个梦想从他1949年考取西南农学院（现西南大学）时就已萌芽。“饥荒的时候饿死人，我都亲眼见过。吃饭是天下第一桩大事，没有饭吃，人类怎么生存？”袁隆平认为，养活世界人口最经济、有效的办法就是使用优良的高产品种。从那时起，袁隆平把自己比作种子，不管撒在哪里都会生根发芽。

1953年，袁隆平从西南学院农学毕业，到湖南省怀化地区的安江农校任教。1960年，发现天然杂交稻株表现出明显的杂交优势之后，便和杂交水稻结下了“不解之缘”。他提出“要利用水稻的杂种优势，首推利用水稻的雄性不孕性”的设想，并设计出整套培育杂交水稻的方案，即培育不育系、保持系和恢复系，然后通过“三系”配套，完成杂交水稻生产。

跌倒了再爬起来

在农业生产中，执着追求亩产提升的袁隆平，始终保有一股倔强的“志气”。

1964年，袁隆平和助手找到了天然雄性不育株。从选种、试验、失败，到再选种、再播种、再观察……这一路并非坦途。“三系”配套的努力，前8年都失败了，一直到1972年，也就是被视为研究突破口的“野败”发现两年后，还有人质疑甚至反对他的杂交水稻培育方案。“三系”法成功后，袁隆平带领团队，开启两系法杂交育种技术研究。没想到启动不到两年，就遭遇当头棒喝。从此，袁隆平遇上的失败、质疑和受挫可谓数不胜数。科研成果被质疑过，试验田被毁坏过；一场异常低温导致全国两系育种大面积失败。一时间，科研界不少人“唱衰”甚至放弃两系育种相关研究。但这些挫折未将袁隆平的热情击垮。他说:“哪有搞科学研究不失败的呢？我这是在探索，跌跤就跌跤，我再爬起来再干，就是了。”

经历近10年的探索，袁隆平和团队终于在1973年攻克了“三系”配套难关，并于同年10月正式宣告中国籼型杂交水稻“三系”已经配套。杂交水稻的成果自1976年起在全国大面积推广应用，使水稻的单产和总产得以大幅度提高。同时，袁隆平带领团队开展超级杂交稻攻关，分别于2000年、2004年、2011年、2014年实现了大面积示范每公顷10.5吨、12吨、13.5吨、15吨的目标。最新育成的第三代杂交稻“叁优一号”，2020年实现了周年亩产稻谷3000斤的攻关目标。从此，杂交水稻被西方专家称为“东方魔稻”，比常规水稻增产20%以上。

目前，我国杂交水稻种植面积超过1700万公顷，占全国水稻总面积的50%，仅每年增产的粮食就可养活7000万人。

年过 90，依然执着追梦

在被授予共和国勋章时，袁隆平说：“我不能躺在功劳簿上睡大觉。”

年过 90 岁的他依然保持着“泥腿子科学家”的作风，长期到农地观看稻田的长势。从参加工作开始，袁隆平便有下田观看稻苗的习惯，身边时常备着下田的雨靴。到了退休的年龄，他说，退休后没事做反而会有失落感，仍然坚持下田搞育种科研。随着年岁渐长，行动日益不利索，他便将住宅安置到试验田旁边，“躺在床上侧个身子就能看到（农田）”。

▲袁隆平在试验基地

袁隆平的心中有两个梦，一是禾下乘凉梦，梦想试验田里的超级杂稻长得有高粱那么高，稻穗有扫把那么长、谷粒有花生米那么大，我坐在禾下悠闲地纳凉。这是袁隆平对提高杂交水稻产量的一个理想。在后来的数年里，袁隆平的“禾下乘凉梦”依然通过他的身体力行延续下去。

“三系”法杂交稻可以吃一辈子，但袁隆平并不满足于这个成绩。当被问到为什么还要领衔后面的研究时，袁隆平回答说：我总是感到不满足。搞科学研究，不断地想攀高峰。袁隆平的另一个梦是杂交稻覆盖全球梦。他说：全世界有 1.6 亿公顷的稻田，如果其中一半种上了杂交稻，每公顷增产 2 吨，每年增产的粮食可以多养活 5 亿人口。他坦言，“贪心”给他提供了源源不竭的动力。“百万富翁想千万，千万富翁想亿。我贪产量，到了 700 公斤，我贪 800 公斤……到了 1100 公斤我贪 1200 公斤，18 吨，不满足，因为这是一个有意义的事情。”

据相关数据统计，从 20 世纪 80 年代至今，袁隆平和他的团队为近 80 多个发展中国家培训了 14000 多名杂交水稻的技术人才。目前，全球有印度、孟加拉国、印度尼西亚、越南、菲律宾、美国、巴西、马达加斯加等 40 多个国家和地区实现了杂交水稻的大面积种植。每年种植面积达到 800 万公顷，平均每公顷产量比当地优良品种高出 2 吨左右。

怀着消除饥饿的梦想，矢志不渝。他把水稻比作武器，对手是饥饿，终其一生，都是为了打赢这场仗。近 60 年的岁月里，被誉为“杂交水稻之父”的袁隆平，将“发展杂交水稻，造福世界人民”作为一生的梦想和追求。他长期致力于促进杂交水稻技术创新，并将其推广至全世界。2020 年 11 月，在湖南衡阳，袁隆平团队所研制的杂交水稻，两季亩产达到了 1530.76 公斤！

90 岁高龄时，袁隆平仍坚持在海南三亚南繁基地开展科研工作。他带领团队在屡破超级稻单产的世界纪录，为填饱人类的肚子做出了极大贡献。

延伸阅读 1：杂交水稻是转基因产品吗？

杂交水稻，是指两个在遗传基因上有一定差异，同时又有良好互

补性的水稻，进行杂交培育的杂交水稻。因为杂交水稻具有个体高度杂合性，杂种后代出现性状分离，所以需要年年制种！

什么是转基因呢？其实转基因是一种手段，是通过技术让农作物达到高产高效的育种。一般来说，转基因都是抗虫、抗除草剂的。杂交水稻使用的是传统育种方法，并且需要多次大量的杂交，研发一个新品种差不多需要 10 年时间。因此，杂交水稻不是转基因。

杂交水稻不是转基因产品，而是一种特殊的水稻。我国是世界上第一个成功研发和推广杂交水稻的国家，袁隆平是真正的世界杂交水稻之父。

延伸阅读 2：天性自由烂漫的袁隆平

古稀之年时，他称自己“70 岁的年龄，50 岁的身体，30 岁的心态，20 岁的肌肉”。2010 年，原西南农学院 53 届老同学的聚会，收到一封 80 岁的袁隆平发来的信，其中写道：“百岁笑嘻嘻，九十不稀奇，八十是多来唏，七十是小弟弟。”接受采访的时候，他常“自夸”80 岁时中心搞游泳比赛，自己得了第一名。

90 岁时，袁隆平说过：自己上班不打卡，下田最高兴。过完 90 岁生日，他就改口说自己“90 后”。年逾 90、功勋显赫的他，依然有着少年般的“稚气”，并且时常流露出来，佳句不断。爱戴他的网友们为他取了一个亲切的称号：90 后“梗王”。

袁隆平说：“我喜欢喜好自在、无拘无束。”他从小就不是一个传统意义上的乖孩子。学习农业，部分原因是出于他对童年的美好记忆和对天真烂漫的追求。儿时看卓别林的电影《摩登时代》，电影中有一个情节：卓别林看到葡萄挂在窗外，伸手就摘来吃；觉得渴了，就叫来一头奶牛，马上挤奶喝。这些美好的场景，在袁隆平的心中扎下了根。

在生活中，袁隆平喜欢古典小提琴曲，称这能把人带到一个很舒服、很美好的境界。在大学时，他是合唱团的成员，他的声音较低，同学们给他取了一个名字叫大 bass(低音)。袁隆平喜欢听经典的歌曲，苏联歌曲《喀秋莎》、英文歌 *Old Black Joe* 都是他常唱的。

袁隆平还喜欢游泳、打牌、跳踢踏舞。他的学生们常说:“我们的科研、游泳、气排球甚至西红柿炒蛋的厨艺，都是他手把手带出来的。”86岁那年，袁隆平还要上气排球球场小露一手。再往前几年，都是打全场。球风稳，在场上位置是毋庸置疑的主攻手，他的队总是第一名。

袁隆平的学生、杂交水稻国家重点实验室副主任吴俊说，袁老师年迈时跑不动了，便在球场助威，谁打了好球就大声叫好，碰到哪个打得匡瓢（长沙方言，意思是办砸了事情），他就在场下哈哈大笑。

要吃面，种小偃——记小麦育种家李振声

李振声，中国科学院院士，我国遗传学家、农业发展战略专家、小麦遗传育种学家、中国小麦远缘杂交育种奠基人。1991 年当选为中国科学院学部委员（院士）。1990 年当选为第三世界科学院（TWAS）院士。2006 年荣获国家最高科学技术奖。2010 年，经国际天文学联合会小天体命名委员会批准，中国科学院国家天文台发现并获得国际永久编号的第 90825 号小行星，永久命名为“李振声星”。

▲李振声在试验基地

在半个多世纪的科学生涯中，李振声主要从事小麦遗传与远缘杂交育种研究，同时开展农业发展战略研究。他开创了小麦与偃麦草远缘杂交育种新领域，并育成了“小偃”系列品种，创造了小麦远缘杂交品种在生产上大面积推广的先例；创建了蓝粒小麦和染色体工程育种新系统，为小麦染色体工程育种的实用化开辟了一条新路。

全村第一个大学生

李振声1931年出生于山东淄博一个贫困的农民家庭，赶上了山东1940年、1941年、1942年连续3年的大旱。葱根、蒜皮、榆树叶都吃光了，他切身体验到挨饿的味道，由此定下选择学农的志向。

1948年，济南解放，李振声在亲友的帮助下读到高中二年级。为了减轻家庭负担，他只身前往省城济南寻找工作，偶然间看到山东农学院门口的招生广告，说可以提供吃住。李振声抱着试一试的想法报考了，而这一试便成为他人生第一个转折点——他成了全村第一个大学生。这是他过去从未想过的事情，跨进山东农学院大门的第一天，他便立下誓愿：毕业后一定要多种粮食，让每个农民都有饭吃！

“饿”是他童年最大的阴影，而解决饥饿也成了他一生的追求。

杂交小麦探索之路

1956年，黄河流域发生了大面积的小麦条锈病。仅仅在黄河流域，当时小麦条锈病就让小麦减产了超过100亿斤，相当于4000万人口一年的口粮。“小麦条锈病”的病菌变异速度很快，平均5年半就能

产生一个新的病种，而要培育一个优良抗病麦种至少需要 8 年。攻克“小麦条锈病”，成了当时的世界性难题。

为了响应国家支援大西北的号召，年仅 25 岁的李振声，离开北京奔赴陕西杨陵。有着长久牧草研究经验的李振声产生了一种想法：农民精心栽培的小麦体弱多病，而野草没人管却长得很好，是否可以把杂草基因转入小麦中来？这就相当于给小麦当红娘。让风马牛不相及的野草和小麦杂交。这项研究国内没有人尝试过，当时普遍不被看好。李振声心里也没底，但科学的探索需要创造性的思维，既然想到了这种方法就不能退缩，要认真坚持做下去。

奔着这一目的，李振声系统搜集鉴定了 800 多种牧草，发现野生的长穗偃麦草等对条锈病有很好的抗性。经过 20 多年的努力，直到 1979 年，具有各种抗性的“小偃 6 号”终于研制成功。此后“小偃 6 号”成为中国小麦育种的重要骨干亲本，其衍生品种近 50 个，全国累计推广 3 亿多亩，增产小麦逾 150 亿斤。由于这种小偃麦的抗病性强、产量高、品质好，于是黄淮流域流传着这样一句民谣：“要吃面，种小偃。”

在培育出“小偃 6 号”的同时，李振声还首创了一套染色体工程育种方法系统。从纯科学的角度看，这项工作更有意义，因为它可以极大地缩短将外援基因导入小麦基因组的时间。李振声说：中国人不仅应该，而且能够自己养活自己。

农业科技造福亿万农民

李振声对中国的粮食问题始终怀有深深的忧虑。

1987 年，我国粮食生产已经连续 3 年没有增加，但人口增加了 5000 多万。也就是在那一年，在西北扎根 31 年的李振声临危受命，深入黄淮海地区，改造当地的盐碱地、沙荒地和涝洼地，力争粮食增产。经过 6 年两期的治理，全国粮食达到了 9000 亿，黄淮海地区增加粮食 504.8 亿斤。

1995 年，为打破我国粮食生产 4 年徘徊的局面，李振声向中央农村工作会议提出《我国农业生产的问题、潜力与对策》的报告，提出了实现粮食产量增加 1000 亿斤的对策。2003 年，他针对我国粮食生产连续 5 年减产的情况，提出争取 3 年实现粮食恢复性增长的建议。在他的建议下，中央采取了有利的支农措施，2006 年我国粮食产量达到 9949 亿斤，基本实现了恢复性增长。

2006 年，李振声获得国家最高科学技术奖。一心为国家多做点事的李振声又投入新的战斗——组织实施"渤海粮仓"计划。环渤海地区淡水资源匮乏，土壤盐碱度高，在这样的土地上发展粮食生产是一个艰难的任务。通过让普通小麦与耐盐植物杂交，李振声与课题组成功培育出了耐盐小麦。渤海粮仓项目实施一年以来，就使得环渤海地区 1/10 的盐碱地走上增产之路。

从大西北到黄淮海，再到渤海地区，李振声用他精心培育的小麦新品种，使贫瘠的土地焕发生机，把年华献给了祖国的黄土地。

小麦育种家赵振东

赵振东，小麦育种专家，中国工程院院士，山东省农业科学院作物研究所一级研究员、首席专家。长期从事优质高产小麦新品种选育和推广工作。

从事小麦育种的人都知道，出品种不易，出大品种更不易。赵振东奋斗了大半生，育成国内首个年种植面积超千万亩的强筋小麦“济南17”，开创了国产粮食按品种收购的历史；育成优质高产面条小麦“济麦19”和国内首个面、包面条兼用型小麦“济麦20”；育成高产、稳产、多抗、广适的“济麦22”。济麦系列小麦品种累计推广4.6亿亩，解决了1亿多人口的吃饭问题，新增400多亿斤小麦和400多亿元的经济效益。

攻克小麦育种两个世界性难题

赵振东1942年9月出生于山东省德州市武城县。1955—1961年，在南京十中初高中学习。1961—1965年，在南京农学院学习，获农学学士学位。1965年9月—1980年8月，任新疆生产建设兵团农五师87团技术员。1980—1983年，在湖南农学院学习，获农学硕士。1983年10月—1984年8月，在山东省种子管理总站工作。1984年9月起，先后任山东省农业科学院作物研究所研究室副主任、主任、作物研究所首席专家、研究员；2013年当选中国科学院院士。

衣着朴素，笑容谦和，是年过古稀的赵振东给人的第一印象。然而，在小麦育种上，他却闯劲十足：“科学研究必须要有前瞻性，跟在别人屁股后面搞重复研究肯定没出路。”

1984 年，中国小麦产量首次超过苏联，成为世界第一产麦国。也是在这一年，研究生毕业的赵振东进入山东省农科院作物所从事小麦育种。初来乍到，他就选了一条与众不同的路——品质育种，带着两个刚毕业的大学生，立志选育强筋优质麦。

看似“异想天开”，赵振东实际想得比谁都多。20 世纪 80 年代，小麦总产量屡创新高，国产优质麦却一片空白，高档面粉加工主要依赖进口。“小麦光有产量没有品质不行，我国人多地少，如果小麦品质上去了，产量却下来了，也不符合中国国情。”

强筋难高产，品质和产量协同提高是个世界性难题，赵振东立志要攻破它。

选、淘汰、再选、再淘汰……小麦育种枯燥辛苦，遇到的挫折更是消磨人。经过十几年努力和无数次失败，赵振东团队终于育成我国首个年推广面积过千万亩的面包小麦品种“济南 17”，开创了国产粮食按品种收购的历史，实现了国产优质麦出口零的突破，产量还比一般的高产品种提高了 5%。要知道，当时美澳加等国的优质麦亩产只有 150~200 公斤，“济南 17”在一年两熟的耕作制度下实现亩产五六百公斤，可谓世界领先。

▲赵振东在试验基地

对育种家来说，这枚“军功章”已经足够闪耀。但对赵振东来说，“创新永无止境，因为需求永无止境”。他带领着课题组的年轻人，用真空干燥箱“捣鼓”出微量沉降法，缩短育种年限 2—3 年。这在世界小麦育种领域也是一个创举。培育出优质面条小麦“济麦 19”，我国第一个面包、面条兼用型小麦“济麦 20”和目前年推广面积最大的小麦品种“济麦 22”。

山东是戗面馒头之乡，山东每两个馒头，就有一个是用“济麦 22”做的。除了品质和产量负相关，超高产和广适性是育种领域另一对难解的矛盾。“济麦 22”的出现，标志着超高产广适育种技术体系的建立，推动了我国小麦品种的更新换代。据不完全统计，全国以“济麦 22”为骨干亲本已培育衍生品系 200 余个，通过审定的品种 10 余个，其中年推广面积过千万亩的山东就有两个。

赵振东并不满足于已经取得的成绩，而是勇敢创新，期待再创新的奇迹。2014 年，他主持的“小麦增产科技支撑计划”开启，誓要跨越“济麦 22”这座高山。

中国种子协会举办“2012—2017 年度中国种业十大杰出人物”评选活动。中国工程院院士、山东省农科院作物所研究员赵振东当选。熟悉小麦育种发展史的人都知道，他花费一辈子心血培育的小麦品种，获得过 4 次国家科技进步奖。

严寒酷暑中修炼出“相麦”三招

与小麦打了一辈子交道，赵振东对小麦有一种特殊的感情，也练就了看、摸、咬的三招“相麦”绝活。他说:“我看麦子就跟找对象一样，有自己的眼光。”每年小麦抽穗拔节期，赵振东就经常蹲在地里目不转睛地给小麦“相面”。在他眼中，不仅每株小麦各不相同，每片叶子也大有学问。

看完再挨个摸一摸、捏一捏。灌浆期他用手掌在整片麦穗上划拉一下，就能准确判断茎秆的韧性；捏一捏麦穗，就知道了产量。

籽粒硬度是非常重要的品质指标，过去没有检测设备，赵振东就用牙咬；条件改善了，他还是觉得用牙咬更快捷。两个门牙换过两次，却也练出了一口绝活，“咬”出来的检测结果和仪器数值相差无几。

万丈高楼平地起，这三门绝活来自几十年如一日的修炼。每年小麦从种到收的 8 个月，赵振东不是在地里，就是在下地的路上，像照顾孩子一样精心呵护试验田里的麦子；蹲在地里看小麦，一看就是半天。

“麦品如人品。如果你怕热，你育出来的麦子就不耐热；如果你怕冷，你育出来的麦子就不抗寒。”这是他常说的一句话。选育“济麦22”时，有一年寒流来得特别早，11月上旬就突降暴雪。赵振东急忙赶到阳谷县看新品种的抗寒性。天色已晚，他顶着鹅毛大雪直奔试验田，用手扒开厚厚的积雪，一块田一块田察看小麦叶片有没有受冻。看完所有田块后，站在一旁的县种子站站长吕宗言已冻得手脚发麻，赵振东却不顾裤子上的雪水和泥土，满脸笑容地宣布：“济麦22”的抗寒性过关了！

很难想象这个多年和小麦为伍的人，却对麦芒过敏。赵振东患有严重的荨麻疹，冷水、麦芒都是过敏源，碰不得。在他家的一个大抽屉里装满了常备药，其中治过敏的药膏必不可少，每次下地前他都要厚厚涂上一层。赵振东并非不惧病痛与严寒酷暑，但更怕干不好活。执着地从事小麦育种科研的赵振东，就是个简单而纯粹的人。

赵振东鼓励课题组的年轻人创新，“想错了不要紧，最可怕的是没想法”。遇到学术问题，常和比自己小几十岁的团队成员争论得面红耳赤。

“比农民更像农民”的邻家大爷

“一棵麦子长得再好能打几两粮？只有整块地的麦子长得好，才能有个好收成。”在赵振东看来，试验田里创造出来的纪录只是个数字，农民地里打下多少粮食更让他牵挂：“我们的麦子最终是种到农民地里的，农民说好才是真的好。”

山东省滕州市级索镇龙庄村家庭农场主龙振存种植“济麦22”10年了，从最初十亩八亩地试种，到流转土地大规模种植，对这个品种一直情有独钟。“去年天气有点旱，但我种的520亩‘济麦22’平均亩产1300多斤，还是一个丰收年。这个品种抗旱、抗寒、抗冻，产量有保障，因为种的是商品种子，每斤还能比普通麦子多卖2毛，算下来每亩净赚五六百元。”

好品种并非凭空而来。“比农民更像农民”，这是吕宗言对赵振东最深的印象。在他眼中，不讲究吃穿、天天跑田地的赵振东亲切得就像邻家大爷。每次到了阳谷县总是先下地，看苗情、看长势、看表现、估产量，“累了就往地头上一坐，跟我们聊天”。

就在田间地头，育种的方向渐渐清晰。“他最早育出的‘济麦884187’，品质非常好，但产量偏低，脱粒时颖壳过紧难去掉，农民不喜欢。”吕宗言说，得到这样的反馈之后，赵振东就开始琢磨怎么实现品质和产量的共同提高，最终培育出高产优质的小麦品种。

姑娘长大了还得嫁出去。赵振东团队最难能可贵的地方是不仅育成了好的品种，还创新了产业化模式。

“济南 17”育成后，为发展优质麦的规模化种植，赵振东和山东鲁研农业良种有限公司的负责人一同南下，寻找面粉企业合作进行订单生产。他们找到了香港南顺面粉厂，一次又一次地将样品送给对方进行检测，终于得到了满意的答复。合作第一年，5 万亩订单种植的“济南 17”喜获丰收，1.2 万吨小麦运到香港，价格比普通小麦提高 35%，农民增收 20%。

在“济麦 22”的推广过程中，赵振东带领团队采取“育种单位+龙头企业+良繁基地+种业联盟”的育繁推一体化模式。山东省农科院作物所制定配套栽培技术规程，由山东鲁研农业良种有限公司牵头，联合国内 180 余家种业企业建立了 7 省市种业联盟，在山东、河北、天津、山西、河南、安徽、江苏等省的 100 多个县区建立了标准化良种繁育、加工基地。截至 2017 年夏收，“济麦 22”8 年蝉联全国第一大小麦品种，在全国累计推广 2.53 亿亩，增加经济效益 200 多亿元。

大半生育种生涯，有失败，有茫然，支撑赵振东一路走下去的，是重如山的责任。正如他所说：“育种家的责任比天大，我们肩负着国家种业安全、粮食安全、农民增收和消费者健康的四大责任。责任，是育种工作者的良心。今后我们将培创一批优质专用新品种，努力实现小麦产业高端化、专用化、品牌化。”

“中国紧凑型杂交玉米之父”——李登海

李登海研发的高产玉米种子直接为国家增加经济效益1000亿。说到李登海的成就，可以先看几项数据：

在世界玉米栽培史上，有两个人创造了高产纪录：美国先锋种子公司的创始人华莱士，他是世界春玉米高产纪录的保持者；中国的李登海，是世界夏玉米高产纪录的保持者。

一个玉米新品种，从培育到成功，概率只有十二万分之一。

李登海培育的玉米种，使中国土地由每亩养活1个人提升到养活4.5个人。

李登海的玉米种子已累计在全国10亿亩土地上推广，直接增加经济效益1000亿元。

这一系列的数据和荣誉，都是对李登海的成就最直观的展现。但令人惊奇的是，李登海只是一个只有初中文化的农民。

▲李登海在试验基地

李登海现任山东登海种业股份有限公司党支部书记、名誉董事长、国家玉米工程技术研究中心（山东）主任，被称为“中国紧凑型杂交玉米之父”。

1968年初中毕业后，“文化大革命”让这个本来想上大学的农村少年断了后路。他回到家乡，想要通过知识改变粮食低产的局面。

1972年，23岁的李登海担任了村里农科队的队长，他提出要搞亩产1500斤的玉米新品种试验。这一想法自然遭到嘲笑和不信任。但李登海没有因此放弃。

在长达6年的时间里，李登海通过各种方法查阅大量书籍，不断地实验，终于在1978年，成功培育出亩产1500斤的玉米！在这期间，没人知道他付出多少努力。只有他的妻子，始终在他身边默默无闻地支持着他。

李登海没有满足于所取得的傲人成绩，而是乘胜追击，在海南岛和家乡的土地上，先后培育“掖单2号”“掖单8号”“掖单6号”等高产玉米良种。其中紧凑型玉米杂交种“掖单2号”，亩产高达903.6公斤，创造了我国春玉米亩产最高纪录。

2005年，李登海创办了山东登海种业股份有限公司，在深圳证券交易所中小板成功上市，每股收益和每股净资产在2004和2005年上半年均排在1370家上市公司的前十位。

李登海长期致力于玉米育种和高产栽培研究，连续30多年在海南搞加代育种，研究的玉米品种7次刷新中华人民共和国夏玉米高产纪录，创下亩产1402.86公斤的世界夏玉米高产纪录并保持至今。

他开创了中国紧凑型玉米育种先河，有52个品种通过国家和有关省市审定，获得44项植物新品种权和10项专利，在全国大面积推广种植，累计增产粮食800多亿公斤。

2022年，李登海以110亿元财富，位列《胡润全球富豪榜》第2115名。但是他所做的一切并不只是为了增加自己的收入，他说：企业始终把科技创新放在首位，培育出越来越优质的新型玉米品种，为国家增加收益才是我的毕生追求。实际上他也是这样做的。高产玉米种子的研发需要耗费大量资金，他因此投入多达 10 多亿元，是全国在这上面投入最大的企业。

李登海用 40 多年时间，全心全意培养高产杂交玉米品种，为中国的粮食安全保障做出了重大贡献。正是有了李登海和袁隆平以及众多科学家们的不懈努力，才有了我国人人都能吃饱饭的今天。这才是真正的专家，当之无愧的为国人造福的专家，值得国人尊重和敬仰。

玉米团长赵久然的玉米情怀

在中国，有一个人的名字与玉米密不可分，那就是赵久然。

赵久然是北京农林科学院玉米研究中心主任、农业农村部玉米专家指导组组长。从2001年至今，他主持培育的品种有100多个品次通过审定，被农业农村部列为主导品种的就有5个；“京科968”的种植面积在全国近千个推广品种中位列第三。他带领团队构建的DNA指纹库，为2万多个品种建立了分子身份证，从此品种鉴定化繁为简。他研发并推广应用的单倍体育种技术，大幅提升了育种效率，使育种工程化成为现实……这些成就促进了种业发展，为亿万农民带来了财富，也彰显了一个育种家的奉献情怀。

培育品种帮农民增收

每年的9—10月都是赵久然最忙碌的时候，黄淮海、东华北的玉米渐次成熟，他主持研发的籽粒玉米、青贮玉米、鲜食玉米品种表现怎样？农户种植是否实现了增产增收？这些都需要他实地去了解、调研。

由赵久然主持选育的“京科968”“京科青贮516”“京科糯2000”等品种以燎原之势迅速推广。据农业农村部统计，2016年“京科968”的种植面积已经超过2000万亩。

“京科968”高产、优质、多抗、广适，既能降低生产成本，又符合当前减肥减药的绿色农业发展趋势，深受广大农民喜爱。“京科青贮516”是专用青贮玉米品种，在粮改饲实践

▲赵久然在试验基地

中大显身手。不但生物产量高，适收期长，而且干物质、淀粉含量等各项指标都能达到一级。是专用青贮玉米的典型代表，平均亩产可达5吨以上，被多家大型种植养殖企业优先选用。“京科糯2000”自2006年通过国审以来，一直是我国种植面积最大的鲜食玉米品种，引领了鲜食糯玉米的育种和产业方向。“京科糯2000”还是我国第一个在国外通过审定的玉米品种，也是越南、韩国等“一带一路”国家的主栽品种。吉林省多家鲜食玉米种植加工企业每年出口的“京科糯2000”速冻玉米穗数以亿计。还有首批通过国审的机收籽粒品种“京农科728”，突破了黄淮海夏玉米机收籽粒瓶颈。经多点试验和大面积示范证明，这个品种不仅早熟、耐密宜机收，而且耐旱节水，适应性非常广，已成为京津冀农业协同发展的主推品种。

玉米研究中心设有一条咨询热线，电话的另一头有同行专家、管理部门的领导、企业老总，但更多的是基层农技人员和农户。赵久然的许多时间用在电话科普上。北京市房山区农民韩凤岭想试种鲜食玉米，多年前找到赵久然。赵久然给了他试种的种子，教给他种植要领。他越种越多，现在成了专业种植京科糯鲜食玉米的大户，每年收入上百万元。多年来，得到过赵久然指导的人不计其数，通过种他的品种增产增收的农民更是千千万万。

创新促种业发展

在育种取得显著成就的同时，赵久然和他的团队构建的玉米品种

DNA 指纹库对促进中国种业发展也做出了突出贡献。这项工作最早可以追溯到 1993 年开展的种子同工酶技术，到后来的 RAPD 分子标记、SSR 分子标记及 SNP 分子标记，分子技术日新月异。

如何将分子技术运用于品种鉴定是一个重大课题。玉米用于生产的品种数以千计，光靠外表形态识别，别说农民，就连品种管理部门甚至育种家也很难分清。市场上张冠李戴、套牌侵权行为时有发生、难以遏制。把已经通过审定的、在生产中应用的、参加试验的、申请保护的品种都做一个 DNA 指纹，建立一个庞大的指纹库，任何品种只需与库存品种比对就知道它的真实身份，这件事的深远意义不言自明，但做起来却异常艰难。

技术上的难在于前所未有，环境上的难在于反对声音不绝于耳。赵久然顶住压力，克服阻力，潜心研究，终于建成了具有巨大创新意义的玉米 DNA 指纹库。如今，指纹库中有 2.8 万个品种的标准指纹，任何品种不用种植，用种子、叶片或植株等部位提取 DNA 指纹与库里的标准指纹比对，一天之内就可以确定品种的身份。

2015 年，农业部开始实施主要农作物分子身份体系构建。2017 年，由赵久然牵头组织全国近 30 家单位申报的主要农作物分子身份检测技术与应用获得了科技部立项支持。目前，DNA 指纹鉴定技术得到了业界广泛的认可和使用，为玉米种子质量检测、品种管理、品种权保护、侵权案司法鉴定、企业维权、农业科研教学等带来了极大的便利。

赵久然的另一大贡献是研发并利用单倍体育种技术，创制了大量玉米新种质材料。单倍体育种是现代生物育种的支柱技术。和常规育种相比，一是快，过去获得一个纯系需要繁育 6 代以上，现在只要两代。二是纯，获得纯系的性状稳定而整齐。三是准，快速选择和淘汰，加快了有利基因积累。四是工程化，多部门协调配合育种，整个过程可设计，结果可预见。北京农林科学院用这项技术创制了 5 万多个有利用价值的双单倍体纯系，通过科企合作分发给全国 40 多家单位。很多单位利用双单倍体纯系配出品种通过审定，传统的个体手工作坊式的经验育种已转变为现代化大规模流水线式的工程育种。

培育人才为明天蓄能

多年来，赵久然的团队一直本着以科研为基础、以需求为导向、以创造价值为核心的理念，培育在生产中有价值的品种。团队拥有立体的全方位品种体系，籽粒玉米、鲜食玉米、青贮玉米育种齐头并进。久而久之，赵久然有个昵称叫“玉米团长”。他非但不恼，反而很中意这个名字，他说：“玉米是我的工作，我带领一支年轻实干的玉米科研团队，不断进行着玉米科技创新工作。”

赵久然注重培育品种，更注重培养育种人才。团队中只有他是 60 后，其他都是 1997 年玉米中心成立以后毕业的年轻人，现在团队主力是 70 后。赵久然向他们传授育种理念和方法，随时随地交流讨论，充分发挥每个人的特长，使他们施展才华。鲜食玉米育种专家卢柏山获得了中国种子协会评选的首届鲜食玉米育种领军人物；研究员王元东获得了农业部颁发的粮食生产先进科技工作者；硕士毕业刚 3 年的张如养也很快进入角色，成为分子育种创新团队的骨干。

赵久然认为一名育种家应该准确把握不同区域的需求及差异，不但要看到现在，也要看到未来。前些年，青贮玉米发展空间不大，但他坚信青贮玉米品种一定会有需求，提早选育出了“京科青贮 516”等专用青贮玉米品种。果然，几年后国家调减籽粒玉米种植，实施粮改饲战略，青贮玉米产业迎来发展黄金期，青贮玉米品种有了用武之地。

对赵久然而言，眼里看的、心里想的全是玉米。过去他有许多爱好，比如桥牌、围棋、旅游，后来都放弃了。如果不出差，赵久然的周末是这么过的：5 点多起床，去北京植物园走 3 小时，9 点去办公室，晚上 7 点多才回家。在他眼里，最好的风景就在玉米田。他的办公室墙上是玉米挂图，楼道里是整箱的玉米，办公桌上是不同品种的玉米穗。即便是起床前、赶路时他的脑子里想的也都是玉米那些事儿。

一次，赵久然和同事去爬山，边走边聊如何能选育出比“京科糯2000”更好的鲜食糯玉米品种。聊着聊着突发灵感，想选育在同一个果穗上既有甜粒又有糯粒并且叶酸含量高的甜加糯营养强化型品种。明确了方向，他马上着手种质鉴定和创新，加上分子标记辅助，很快选育出“京科糯928”“农科玉368”等系列甜加糯新型糯玉米品种，叶酸含量达到每百克籽粒300微克以上，是一般糯、甜玉米叶酸含量的4到5倍。

从开始育种以来，赵久然的工作状态一直是白加黑、五加二，连节假日都休息不了。“五一”是播种，“十一”是收获，春节在南繁。常和赵久然一起出差的人都发现他有踩点赶飞机和多乘晚间航班的习惯。他的解释是想把工作尽量安排得紧凑些，不耽误白天的时间。育种家在田里的时间比农民还多，劳动强度比农民还大，而且还要思考谋划，每一个品种都凝结了汗水与智慧。赵久然从没想过退休，他的充沛精力源于他的坚定目标，即选育更多更好的品种。他常说：“玉米育种既是我的工作，也是我喜欢用心去做的事业，这是我的责任，也是我的幸运。”

西瓜育种家许勇的“甜蜜”事业

对于北方地区的瓜农来说，京欣系列西瓜可以说是无人不知、无人不晓。那么，京欣系列西瓜是谁栽培育种的呢？他就是西甜瓜产业技术体系首席科学家、北京市农林科学院蔬菜研究中心主任许勇。

多年来，在他的带领下，我国西瓜产业从基础研究、品种选育到良种产业化实现了大发展，在引领学科方向、支撑产业发展上做出了重要贡献。作为科研人员的领军人物，他带领科研团队率先绘制完成世界上第一张西瓜全基因组序列图谱，成功破译了西瓜遗传“密码”，奠定了我国西瓜基础科研在世界上的领先地位。而他也因此成为瓜农眼中的“西瓜大王”。有位农民感激地拉着他的手说：“我家的楼房就是靠种你们的西瓜盖起来的。”

除此之外，他还是蔬菜种业界行业翘楚，领导院办企业完成事企脱钩，建立现代企业制度，推广蔬菜品种 500 多个，年推广面积 1000 万亩，带动农民年增收 50 亿元，连续多年居我国蔬菜民族种企首位。

基础研究抢占“制高点”，率先破译西瓜遗传“密码”

1965 年，许勇出生于湖北省洪湖市一个普通家庭，高考时的第一志愿是北京农业大学。“我虽然不是出身农村，但是立志学农，就是想通过知识改变农民的命运、农村的面貌。”报考遗传育种专业的许勇，从迈入大学的校门起就立志于品种改良工作。

1994 年，许勇来到北京市农林科学院蔬菜研究中心，正式开始西瓜遗传育种研究。

说起西瓜，人们都很熟悉它甘甜的味道，可是很少有人知道，原产于非洲的西瓜原本是坚硬苦涩的；也很少有人知道，在西瓜变得越来越甜时，却更容易生病。如何让西瓜在变得甜美多汁的同时，还更加抗病、抗裂，是育种家不断追求的目标。

谁能最先实现这个目标，谁就能掌握西瓜产业的主动权。

“当时只有常规育种手段，从杂交、提纯、改良到获得一个好的品种，往往需要 6~8 年的时间，而且常常还要靠运气。因为这个育种相当于十万分之一到百万分之一的概率事件。也就是说，你要选育一个品种，要有 10 万棵单株，你才可能拿到一个好的材料。”许勇回忆。

如何把育种效率提高 1000 倍以上？许勇想到了借助新一代测序技术来破解西瓜的基因密码。

2009 年，由北京市农林科学院蔬菜研究中心牵头组织发起的国际西瓜基因组计划正式启动。科研工作者通过采用“全基因组鸟枪法”测序策略，进行双末端测序，得到了总量约为 46G 的基因序列数据，由此获得了高质量的西瓜基因组序列。

“掌握了基因组序列图谱，就好比有了矿产分布图，今后只要按图索骥就可以‘采矿’了，大大提高了育种效率，减少了无效劳动。原来没有这个图谱，育种就像‘盲人摸象’，要靠大量的田间试验观察，费时费力。”许勇说。

正因为如此，这张图谱也被国际同行公认为是西瓜基础研究领域的里程碑式成果。有了这张图谱，就意味着西瓜的大小、颜色、甜度等性状都在我们的掌握之中了。

拿到“藏宝图”并不是许勇的最终目的，接下来，他要将其转化为手中强大的技术武器，创造新产品。“我们很快找到了枯萎病、白粉病、炭疽病等多个抗病性基因，以及果实含糖量、大小形状等品质的基因标记。”许勇说，今后育种就可以“照方抓药”，定向、精准地转育这些性状基因，能够更加容易培育出集各种优良性状于一身的超级西瓜。

于是，一种能够像苹果一样削皮来吃的小型“苹果西瓜”在许勇手里诞生了。可以想见，“苹果西瓜”将为观光采摘农业带来一抹亮色。

20世纪80年代，由北京市农林科学院蔬菜中心选育的“京欣1号”，以其优良的综合性状风靡全国，成为我国西瓜早熟育种里程碑式的品种。然而，到了90年代，“京欣1号”因耐储运性与抗病性差等原因，逐渐不能满足市场需要。西瓜产业要持续发展，亟须进行品种更新换代。

▲工作中的许勇

这时许勇刚接手蔬菜中心西瓜育种课题组，下决心要提高西瓜的品种质量。自1994年起，许勇率领课题组重点致力于保护地早熟西瓜品种选育，同时也开展其他类型的西瓜品种以及优良西瓜砧木品种的选育工作。20多年来不断推陈出新，为我国西瓜产业选育出一大批优良品种。

正是经过无数次筛选，“京欣2-4号”系列抗病、高甜、高产西瓜育成了，一时间占领了北方市场。京欣系列西瓜全国占有率达到30%，在华北、华东设施西瓜主产区占有率超过60%。该项成果获得2013年北京市科学技术一等奖、2014年国家科学技术进步二等奖，有力推动了北方保护地西瓜品种的更新换代。

“京欣系列的成功，一个核心就是紧紧抓住科技创新，在技术和材料上领先于人；另一个就是瞄准市场需求，迅速把我们在技术和材料上的优势与产业需求相结合，快速转化成产品，把产品变成推广面积，进而转化成品牌效益，形成良性的循环。”许勇总结道。

许勇及其团队紧跟市场，快速推出品种创新的案例还有许多。

2012 年，为满足西瓜不断向优势产区聚集而需要长距离运输的要求，许勇推出了华欣系列，一年的推广面积就达到 50 万亩。与京欣系列相比，在保持早熟性的基础上，丰产性、抗病性、耐储运大幅度提高。

近年来，随着我国冬季西瓜生产逐渐向缅甸、老挝等东南亚国家转移，京美系列应运而生。京美的最大优点是外色鲜绿、肉质紧密、糖度高、高度耐储运。2016 年推出，2017 年就实现单一品种销售额破千万元，为西瓜生产地的转移提供了品种保障，满足了人们冬季吃瓜的需求。

“我们要永远跟着市场走，跟着瓜农的需求走。未来不断朝着简约化、节本增效、轻简化栽培的育种方向发展，把高品质、特色化作为品种选育目标，不断满足市场更加多样化的需求。”许勇说。

良种产业化，争当“排头兵”，加速成果转化，独占市场鳌头

“科技成果的转化是科研创新不可分割的一部分。农业作为应用型学科，其科技创新的成效，必须以产业链作为支撑，以能否转化到市场上创造效益作为重要标准。”许勇这样说的，也是这样做的。

近 20 年来，北京市农林科学院蔬菜研究中心一直把科技成果转化作为评价科研人员的重要指标，形成了重视科技成果转化的科研氛围。

早在改革开放之初，北京市农林科学院蔬菜研究中心就率先创办了良种开发企业。2015 年按照农业农村部的要求，实现事企脱钩，完成了股份制改造，建立起现代企业制度，正式成立京研种业公司。

事企脱钩和股份制改造真正让企业成为创新主体，也极大地激发了育种家的创新动力。既保证了育种家在品种创收方面的效益，也体现了股份收益，把育种家和企业的命运紧密联系在一起，避免了科研和生产的“两张皮”。

“京研种业在全国拥有 1000 多亩品种试验示范基地，这些基地不仅

搞品种示范，育种家还常去转悠，潜移默化地吸收产业需求的精髓，吸收市场对我们产品的评价，及时修订育种方向。”许勇说。

育种家有了捕捉市场、与市场紧密结合的能力，蔬菜中心在科研领域斩获硕果的同时，也赢得了行业和市场的敬重。

迄今为止，京研种业在全国示范推广白菜、油菜、西瓜、西葫芦、南瓜、甜（辣）椒等品种 500 多个，年营业额超过 1 亿元，年推广面积 1000 万亩，助力农民年增收 50 亿元。其中，大白菜、小白菜品种在北方秋白菜市场占有率超过 80%；京欣系列西瓜品种在华北及华东保护地主产区占有率超过 60%；西葫芦“京葫 36”打破了跨国公司在冬季温室西葫芦品种上的垄断；甜杂、京甜系列辣椒成为南菜北运的主栽品种。京研种业成为中国销售额最大的蔬菜种企，被评为“中国蔬菜骨干企业第一名”“北京市十佳信用种子企业唯一蔬菜种企”。

说到未来，许勇信心百倍，豪情满满，他说：“中国是世界西瓜生产第一大国，是世界蔬菜种业的重要竞争舞台。我们有义务和责任让西瓜科研走在世界前列，为我国蔬菜种业崛起做出更大贡献！”

中国抗虫棉之父郭三堆

郭三堆，棉花转基因分子育种专家，中国抗虫棉之父。1950 年 7 月生，山西省泽州县巴公镇渠头村人。1975 年毕业于北京大学生物系。研究员，博士生导师。中国农业科学院生物技术研究所分子设计中心主任。2014 年荣膺“中国种业十大功勋人物”。

国产抗虫棉市场占有率达到 98% 以上，在全国棉花育种家和企业的共同努力下，育成抗虫棉新品种 197 个，累计推广 5.6 亿亩，减少农药用量 65 万吨，带动新增产值累计 1000 亿元。郭三堆也因此被称为中国“抗虫棉”之父。

学成回国，培育高抗棉铃虫棉花种子

1950 年，郭三堆出生在山西渠头村一个祖祖辈辈在土里刨食的农民世家，由于家里穷，有几次险些辍学回家务农。

1972 年，郭三堆成功考入北京大学生物系，毕业后进入中科院微生物所工作，后又调入中国农业科学院工作。这位农家子弟后来的人生轨迹看似跳出农门，在中国一流学府和科研机构中实现华丽转身，但他的事业始终和农业紧紧相连，一生致力于棉花虫害防治，为中国人解决穿衣问题。

1986 年，他赴法国著名的巴斯德研究所留学，从事杀虫基因结构与功能研究。这段日子让年轻的郭三堆受益匪浅。巴斯德研究所这所有 100 多年历史的科研殿堂不仅让他提高了研究水平，更被法国同行严谨的科研态度所感染。他如饥似渴地汲取科学的营养，渴望回国继续自己的事业。1988 年，他拒绝了法国同行的盛情挽留，用在法工作最后一个月的薪水买了国内紧缺的实验用品，踏上了回国的旅程。回国后，郭三堆马上把解决棉花问题提到了议事日程。转基因抗虫棉项目在 1991 年被列入国家“863”计划重大攻关项目。经过 1 年零 8 个月的埋头攻关，他们的研究小组合成了有效的杀虫蛋白基因。又经过近一年的研究，研制出了具有国际先进水平的载体。

1992 年至 1996 年，中国棉铃虫大规模爆发，农民喷洒农药从两三次增加到 20 多次也难以防治，棉农损失惨重。由于棉铃虫防治都在夏季高温时节，农药随汗液进入人体，导致中毒事件大量发生。人们认为，解决这个问题唯一的办法，就是研究出真正高抗棉铃虫的新品种。

抗虫棉有没有毒呢？这个问题最先由农民提出来。1994 年，郭三堆到山东梁山做抗虫棉新品种试验。有农民提出质疑说，棉铃虫农药都杀不死，虫子吃了抗虫棉却死了，你说抗虫棉的毒性有多大？郭三堆回答，二者杀虫机理不一样，真有毒最先中毒的肯定是我们。

耳听为虚，眼见为实。郭三堆思虑再三，就在一亩农田上做种植示范：半亩种普通棉、喷农药；半亩种抗虫棉、不喷药。到秋天一看，普通棉几乎没有棉铃，绝产了；抗虫棉则结满棉铃，白花花地吐着絮。农民一看说太好了，这个种子一定要给我们留下来。

▲工作中的郭三堆

自推广种植 20 多年来，我国累计超过 1 亿的农民种植过抗虫棉，亩产从改革开放初期的几十公斤，提高到现在的 150 公斤左右，新疆更是高达 350 公斤，也再没有发生过因防治棉铃虫而中毒的案例。

联合攻关夺回市场，功劳归大家

改革开放初期，为了赚取外汇，纺织品成为出口创汇的主要商品，棉花在国民经济中占有重要地位。国家 863 计划将“棉花抗虫基因工程研究”列为第一批启动项目，选择全国棉花研究优势单位集中联合攻关。郭三堆是项目负责人，全程参与。

1992 年，中国主要棉区棉铃虫大爆发，棉农大规模弃种。中国纺织业缺少原料，企业纷纷倒闭，工人纷纷下岗。这时，美国抗虫棉技术研发成功，国家打算自美国引进抗虫棉品种，但美国人提的条件非常苛刻。“让人家来占领我们的市场、赚我们的钱，人家都不愿意。要的引进费，折合人民币超过了 1 亿多元，而且核心专利绝不会给我们，所以必须自力更生。”

为此，中国抗虫棉研究项目分成 4 个梯队紧密协作。第一梯队负责抗虫基因的研制，以郭三堆和中国科学院微生物所田银川、中国科学院遗传所朱祯等为主。第二梯队负责将抗虫基因导入棉花，获得真正抗虫的转基因棉花种质材料。第三梯队是全国各地育种单位，用抗虫种质材料和生产品种进行杂交系统选育。为了快速选育出优质新品种，郭三堆和中国农业科学院棉花研究所的汪若海、李秀兰等专家在海南开展南繁加代育种。

1994 年，郭三堆团队取得成功，使中国成为第二个拥有自主知识产权抗虫棉的国家。1996 年开始推广应用，由第四梯队负责产业化。美国不再提任何条件，赶忙在河北、安徽等地成立种子公司抢占市场。

2008 年以后，中国育种家培育的抗虫棉品种植棉率已经超过 95%，成功夺回了曾被美国占领的棉花阵地。“中国抗虫棉能很快研制成功，并且能和美国竞争，是分子生物学家、育种家、企业家和科技项目管理专家共同努力的结果。”郭三堆说。

向新的科研高峰攀登

上了年纪的人，或多或少都有穿哥哥、姐姐旧衣服的记忆。那个时候，羽绒服和鸭绒被还没流行，一件新棉袄和一床新棉被就能成为冬天最温暖的物件。抗虫棉为那个时代解决“穿暖”问题贡献良多。

长期以来，中国纺织企业生产的纺织品主要是中低档，国内优质棉纺织品的需求得不到满足。这是因为我国能种植长绒、优质、高产、早熟海岛棉的区域有限，新疆阿克苏地区适合种植，要想扩大到长江、黄河等区域还很难。

还有农村劳动力越来越少。长江、黄河棉区至今无法实现大面积机械采收，需要投入大量劳动力，效益降低，使得棉花种植面积大幅减少。郭三堆说，现在棉花种植趋势是西进东扩。西进主产棉区在新疆，每年大约有3000万亩；东扩主要是沿海的一些盐碱荒滩地，如江苏盐城、河北沧州、山东东营等。国家要想把纺织、服装产业提升上来，在国际上有竞争力，就必须有优质的棉花。

对于如何研发长绒优质优良的棉花新品种，又能适应不同棉区，成为棉花育种的突破方向，郭三堆认为，未来的育种趋势是8个字：优质高产，多抗、广适。

退而不休，亲手收获每份育种材料

作为优秀的育种科学家，郭三堆退休以后，仍工作在试验田和实验室中。

试验田里种植的育种材料，无法使用机器，因为每一种材料都只有很少的数量，有的可能只有几行，而且每一株的情况都有所不同。在采收时，仔细鉴别，淘汰不好的材料，留下有价值的，分门别类加以标注，用于之后的育种。

郭三堆常教导学生说，搞农业的，必须亲自下地。他做到了。到中国农科院工作以后，下地干活，是他经常的工作状态。尤其是试验田里的工作，从种植到管理和采收，他和团队中的同事、学生，都要了解每一株材料的情况。

捐赠200万元奖金，鼓励年轻人学育种

郭三堆捐赠奖金，设立奖学金的想法思谋已久。

2014年，郭三堆获“中国十大种业功勋人物”称号，奖金100万元。拿到奖金后，他就产生了这个想法。

生物技术育种是农业科技领域的前沿技术。生物技术对育种非常重要，很多常规育种很难创制的材料，都可以通过生物技术创制出来。过去培育抗虫棉，就是利用生物技术，它可以帮助精准育种，获得科研需要的育种材料。但作为新兴领域，人才匮乏制约着技术进步。郭三堆认为，过去几十年做抗虫棉研究，一直感觉人才是最重要的，培养人才是基础，教育人才是核心。

促成这一想法落地的，是后来另外一笔奖金。抗虫棉品种育成后，逐年推广，面积越来越大，郭三堆获得一笔100万的“抗虫棉科技成果转化”奖金。拿到这笔奖金后，郭三堆开始想着把原先的想法落实。他认为，这些年来，年轻人投身生物育种领域的热度不算高，但在未来，加快国家的现代化进程，保障人们的粮食安全，科学技术都是非常重要的动力和基础。而科技的发展，尤其是生物技术这种前沿的科技进步，需要更多年轻人投身其中。

思考成熟以后，郭三堆将所获200万元奖金捐出，在他工作的单位——中国农科院生物技术研究所，设立了“优秀学生奖”和“优秀导师奖”两个奖项，以此鼓励年轻学者，吸引更多年轻人进入生物育种的领域。

民族种业市场化改革先行者——企业家张海银

张海银，安徽荃银高科种业股份有限公司创始人、安徽张海银种业基金会理事长，被评为中国种业十大功勋人物；是著名的种子企业家，我国种子企业化的先行者。他开拓创新，为我国的种业市场化、现代化进程做出了突出贡献。

种业强国是我毕生追求

自 1973 年进入种子行业算起，张海银为民族种业奋斗已近 50 年。当时，国内大宗作物种子市场还没放开，但张海银敏锐地察觉到种子市场的新情况：农村实行家庭承包经营后，农民对瓜菜种子需求迫切。他及时调整服务内容和经营方向，搞起蔬菜和西瓜种子的科研、生产和开发。从 1985 年起，公司以杂交西瓜种子为突破口，走出一条“公司+农户”的种子生产新路。

▲张海银在试验基地

张海银给人留下深刻印象的，是他勇于改革、敢于创新。很多改革故事都发生在 1987 年。那一年，他带领团队放弃事业单位的待遇主动转企，注册了中国种业第一商标——丰乐，办起了种子试验站。几年时间，选育、推广的丰乐牌西甜瓜种子，就从一个迅速发展到几十个，占全国种子市场的份额超过 1/3。

在经营种业的同时，张海银更重视科技和培养人才。1997 年，丰乐成立中国第一家博士后工作站，进行分子育种探索，并与世界一流的分子育种单位开展项目合作，与中国水稻所、福建省农科院合资设立中科丰乐公司，为种业培育了大量人才。

品种是种子企业竞争力的核心，安徽荃银高科技研究所在 2004 年就有了自己培育的第一个品种——两系超级杂交稻新品种“新两优 6 号”，2006 年经农业农村部确认成为第一批向全国推广的品种。

二次创业，个人冒点风险算什么

2001 年，张海银离开为之奋斗了 30 年的丰乐种业，正式退休。为了表彰他做出的巨大贡献，合肥市政府奖励他 16 万股（当时相当于人民币 200 多万元）。但他没有抱着巨款享受晚年，因为对于事业的挚爱让他无法离开种业，他筹划着开始第二次创业。

无独有偶，50 年如一日奋斗在杂交水稻开发前线，曾任中国杂交水稻国际开发专家组成员、农业农村部杂交水稻专家顾问组成员、省农科院院长年过七旬的李成荃女士同样壮心不已。她前去看望张海银时，有了同样的想法。

李成荃问：“二次创业风险更大，200 万元可是您后半生的全部依托，全押上去你就不怕万一？”

张海银壮志满怀：“为了振兴民族种业，个人冒点风险算什么？”

经过协商，李成荃牵头联络 6 省的有关农业专家，张海银拿出政府奖励的近 200 万元现金，并本着“自愿投资受益，风险共担”的原则，联系自然人入股。就这样，一位在种业界有着丰富经营管理经验和人脉关系的知名企业家，和一位堪称业界权威的农业科学家联合搭起了二次创业的平台。

在省市领导和有关部门支持下，经过紧锣密鼓的筹备，2001 年的 11 月，在合肥高新区，一个有 16 个股东、总投资 1200 万元、按照现代企业制度运作的民营安徽荃银农业高科技研究所诞生了。张海银、李成荃和他们的伙伴们，从此踏上了二次创业的征途。

打破传统的弊端，成就现代化大型企业

为了使科研成果尽快转化，张海银在民营科研所成立一年后，由另一家民营种子营销公司控股，联合成立了安徽荃银禾丰种业有限公司。由于看透了昔日企业科研与经营相脱离的弊端，张海银才让自己的科研所组合进由别人控股的营销公司。两年之后，安徽荃银禾丰种业有限公司成为由安徽荃银农业高科技研究所控股的集种子科研、生产、营销于一体的公司。民营科研所的董事长张海银成为荃银种业的掌舵人。

“彻底破除不合理的条条框框”，执掌荃银种业的张海银，不仅完善了董事会、监事会、股东大会等各项现代企业制度，还完全按照市场化运作的规律，带领领导班子出台了一系列重大措施，使公司迅速焕发出勃勃生机。吸纳引进两名种子国际贸易特殊人才，公司投资控股、吸纳他们投资入股，注册新的种子国际贸易专业分公司，当年就获利上百万元。

“泼洗澡水不能把澡盆里的孩子也丢掉了。”张海银在坚决摒弃传统企业弊端的同时，把他亲手创立的种子产销联合体市场运作的成功经验传承了下来。霍邱县从 2005 年开始实施优质稻开发“1511”工程，即以荃银公司“新两优 6 号”等优质水稻品种推广为重点，实现了粮食增产、农民增收、企业增效、互利双赢。

张海银二次创业建立杂交水稻育、繁、推联合体，没有像首次创业

那样肩背种子布袋走四方，而是一方面与一家有实力的外省种子营销公司成立合资公司，利用对方的销售网络；另一方面通过每县选择一个客户作为代理商，进行生产对比试验。然后召开现场会，通过宣传扩大影响，拓展销路。公司还对所有代理商实行统一价格、统一质量标准、统一技术服务、统一管理，创荃银种业新形象。短短两年多时间，荃银公司便建立起覆盖我国南方 16 个水稻主产省的育、繁、推联合体。

2013 年，以个人名义捐资 500 万元设立的安徽张海银种业基金会，旨在“励志种业，促进创新，服务‘三农’，回报社会”。

在长达半个多世纪的育种生涯里，张海银体会过成功的喜悦，也饱尝过挫折的痛楚，亲身经历了中国种业的历史性转变。他坚信，中国种业的根本出路在于发展民族种业。只有做大做强民族种业，才能牢牢把握种业发展的控制权，才能牢牢掌握农业发展的主动权，才能使 13 亿人的饭碗牢牢地捧在自己的手里。

年逾八十的张海银仍在奋力追寻着自己的种业强国梦。他只有一个心愿：为促进现代种业的发展奉献一生。

世界杂交油菜之父——傅廷栋

傅廷栋，1938 年 9 月出生于广东省郁南县，作物遗传育种学家，世界杂交油菜之父，中国工程院院士，华中农业大学教授、博士生导师，全国脱贫攻坚先进个人；国家油菜工程技术研究中心主任，瑞典SWAB油菜育种名誉顾问，国际油菜研究咨询理事会（GCIRC，巴黎）主席，第十二届国际油菜大会主席等。

1960 年，傅廷栋毕业于华中农业大学农学系，1965 年该校遗传育种专业研究生毕业，1981—1982 年在德国Göttingen大学合作油菜育种研究。1995 年 5 月当选中国工程院院士。2004 年当选第三世界科学院（TWAS，现称发展中国家科学院）院士。

傅廷栋一生致力于油菜多功能利用研究与开发，特别是利用北方秋闲地、南方冬闲田复种饲料（绿肥）油菜，对发展畜牧业、培肥土地、增加农民收入有着重要意义。

傅廷栋是国际上首次发现“第一个有实用价值”的波里马油菜胞质不育类型的人，并进行了系统研究。到1994 年，国外育成、注册的 12 油菜三系杂种，就有 9 个是利用他的波里马不育材料育成的。育成我国第一个甘蓝型油菜自交不亲和系及保持系、恢复系和杂种，首次提出油菜自交不亲和系“三系化”繁殖、制种原理和方法。首次在国际上提出“油菜起源中心与三系选育有密切关系”的假说及其理论解释。育成我国第一个通过审定的低芥酸三系杂种及第一个冬播油菜低芥酸、低硫苷三系杂种，并正在大面积推广。著有《杂交油菜的育种与应用》等专著。作为湖北武汉华中农业大学国家油菜工程技术研究中心的主任，傅廷栋经常带着团队在油菜试验田里忙活杂交授粉。他专注杂交油菜育种 60 余年，带领团队培育近 60 个油菜品种，被称为“世界杂交油菜之父”。他也是一名始终奋战在扶贫一线的科学家，年过八旬，依然常年奔波在全国各地的油菜田里。

科研就要接地气

▲傅廷栋在试验基地

华中农业大学师生中流传着“傅氏六件套”的说法——草帽、挎包、深筒靴、水壶、工作服、笔记本。这是傅廷栋的经典装扮。作为德高望重的“国宝级”学者，他看起来更像扎根农村的农民。

傅廷栋在调研中发现，七八月收割完小麦，西北地区的土地就空闲了，容易造成生态环境恶化。同时，农牧地区饲料严重短缺。1999 年，他开始在“三区三州”国家深度贫困地区的甘肃和政试验麦后复种饲料（绿肥）油菜，研究推广双低杂交油菜品种。自此，秋闲种饲料油菜，逐渐成为西北、东北多地的选择。这不但缓解了西北、东北秋冬青饲料不足的难题，而且增加了绿色覆盖。

20 多年来，和政县油菜种植面积从 2.5 万亩扩大到 16 万亩，亩产从 100 公斤增至 200 公斤。品种全部实现优质化（低芥酸、低硫苷），杂交种全面普及。2019 年 11 月，和政县脱贫摘帽，傅廷栋院士被和政县政府授予“荣誉市民”称号。

几十年来，傅廷栋始终坚持一个理念：“科研就得围着农民打转！”满足现代农业需要、得到农民认可，才是做科研的真意义。

在田间地头培养学生

傅廷栋被学生称为“下田上瘾的人”。虽然年事已高，但是每年油菜开花、收菜籽时他还会下田；有时候跟学生们在田里一天工作七八个小时，暑假会带学生去甘肃等西北地区。从1975年到现在，几十年都如此。他把油菜地当成了传道授业的主战场，坚持在田间地头、生产一线培养学生、培育团队，与学生和同事一道带领百姓脱贫致富。

作为院士、教授，傅廷栋一生培养研究生500多名。他们中的许多人已成为国内外油菜研究领域的学术带头人和扶贫骨干；从原国家深度贫困县和政走出了200多名油菜硕士、博士研究生。他带出的科研团队、扶贫团队，现有博士17人、教授10人；先后获得国家科技进步一等奖1项、二等奖3项，省部级科技进步一等奖8项。在世界油菜界发表SCI论文最多的10位作者中，来自傅廷栋院士团队的就有3人。

近两年，在傅廷栋的大力倡导和推动下，华中农业大学与甘肃和政在农业技术攻关、科技成果推广、特色产业发展等领域全面合作，双方签订了在和政县共建“华中农业大学临夏现代农业研究院”“西北寒旱农业研究院”协议；合作内容从油菜拓展到其他作物、食用菌、先进农业、寒旱农业等诸多方面。

让油菜产业效益最大化

油菜是我国重要的油料作物，我国每年生产食用植物油约1000万吨，油菜籽油占一半以上。傅廷栋见证了我国油菜的发展历程：60多年来，油菜种植面积增长了3倍，亩产量增长了3倍，总产量增长了近

10倍。

“随着油菜领域的科技进步，如今的油菜具有六大功效，除用于产油和饲料之外，还可以用来发展蔬菜、绿肥、采蜜、观花旅游。”说起油菜，这位“油菜院士”兴奋地侃侃而谈。团队里的科研人员已经在从事油菜花色研究，油菜花将不再只是黄色，油菜田里将增添更多的色彩。

对于如何将油菜产业效益最大化，傅廷栋团队在西北地区探索麦收后种油菜十几年。两个月的秋季闲田种植，既改善了田地绿化，又让农民每亩增收4吨左右的青饲料，缓解了当地畜牧业发展中的饲料问题。这也成为油菜产业一个新的增长点。

针对新疆有1亿亩盐碱地、土壤养分严重不足的情况，傅廷栋提出，对于重度盐碱地，可种植饲料油菜，第一年油菜翻耕作绿肥，第二年就可做饲料。在新疆北部，通过改良饲料油菜种植技术、推广油菜新品种，农民在盐碱“花花田”上也能种出植物来；在新疆南部，饲料油菜技术简单易上手，是农牧结合的好项目。

傅廷栋预计，北方有2000万~3000万亩秋闲地、南方有4000万~5000万亩冬闲田，再发展1000万亩饲料油菜是可能的，“这相当于3亿到4亿亩中等草原产草量，发展潜力巨大”。

蔬菜遗传育种家方智远55年的圆白菜情结

方智远，蔬菜遗传育种专家。1939年9月出生于湖南省衡阳县。1964年毕业于武汉大学生物系。中国农业科学院蔬菜花卉研究所研究员、原所长，北京市科协副主席、十届全国政协委员、“十五”“863”计划生物技术与现代农业领域专家组成员。

他长期主持甘蓝遗传育种研究。1973年与课题组成员突破甘蓝自交不亲和系选育技术，育成我国第一个甘蓝杂交种“京丰一号”。1979年首次发现甘蓝显性核基因雄性不育材料，带领课题组于90年代突破甘蓝雄性不育系选育技术。主持育成不同类型甘蓝新品种20个，在全国各地广泛推广，种植面积约占全国甘蓝面积的50%。获国家发明一等奖1项、国家科技进步二等奖2项；发表科技论文80余篇，主编或参编著作15本，培养硕士、博士生20余名。1995年当选为中国工程院院士。

胸怀大志，砥砺前行

1944年，衡阳保卫战打响，野蛮的日本兵闯进村庄。只有5岁的他跟着父亲躲进后山，兵荒马乱的童年时代在幼小的心灵中产生了只有国强才能民安的朦胧意识。

“度量宽大，勤学守规”，是初中班主任给方智远的评语，也成为他一生的座右铭。1957年，还在上中学的方智远在日记中写道：“在科学的道路上没有平坦大道可走，只有向上攀登，不畏劳苦、不畏险阻的人，才有希望攀登到顶点。”

1959 年，20 岁的方智远第一次提交了入党申请书。在蹉跎岁月中，他坚持不懈，在日记中这样勉励自己：“要像雷锋那样写自己的历史，永远保持自己鲜红的颜色；要像周总理教导的那样学到老，改造到老。”

1980 年，方智远加入中国共产党，激动地写下了“永远跟党走，为共产主义奋斗终身”的誓言。

▲工作中的方智远

55 年只钻研一种蔬菜

从 25 岁与圆白菜结缘，到 80 余岁依然奔走田间，方智远为了培育出最好的圆白菜，倾注了毕生心血。

圆白菜，学名甘蓝，具有丰富的营养和药用价值。20 世纪 60 年代，甘蓝基本依赖从国外引种，价格高，质量难以保障。1967 年，我国南方百万亩甘蓝突然出现大面积只开花不结球的现象。方智远与同事们连夜赶往广东，看到地里一片片未熟抽薹的甘蓝，农民蹲在地里心疼得直掉眼泪，他下定决心一定要搞出我国自己的甘蓝品种。

方智远和同事们从零开始，跑遍全国搜集甘蓝种质资源。听说哪里有好品种就立马赶过去，回来就一头钻进试验田。甘蓝一年只开一次花，育种周期长，不确定性大，做几千个组合也不一定能选出一个好品种。年复一年，方智远拿着铁锹、锄头，整地、播种，弯着腰、低着头，一颗颗地授粉……功夫不负有心人，1973 年，方智远育出我国第一个甘蓝杂交品种“京丰一号”，打破依靠国外引种的被动局面。此后又先后培育出五代优质丰产、抗病抗逆、早中晚期配套的优良品种，推广至全国 31 个省、市、自治区，累计种植面积达 1.5 亿亩，占国内甘蓝种植面积的 60%，使甘蓝成为百姓餐桌上四季常见、质优价廉的蔬菜。

多年来，方智远先后获得国家技术发明一等奖 1 项，国家科技进步二等奖 3 项；1988 年、2001 年两次获得全国五一劳动奖章，2000 年获得全国先进工作者荣誉称号。《人民日报》曾这样评价方智远的团队：“六人课题组，四次获大奖。”

把时间放在地里，把百姓装在心里

退休之后的方智远有了更多时间，但在妻子章振民眼中，他却更忙了。“他一天三班倒，上午上班，下午上班，白天看的写的晚上还要拿到家里来，一年最多休息一天或两天，初一到初二，初三又上班。”章振民略带无奈地说，“之前不听我们的劝累倒了，好了之后就又下地了。他是你有千变万化，我有一定之规，这湖南人的执着真是比不了。”方智远更加频繁地到农村办培训班，手把手地教农民，毫无保留地把成果拿出来跟农民共享。

内蒙古乌兰察布属于贫困地区，寒凉的自然环境曾是农业发展的短板。在方院士工作站的支持下，现在冷凉蔬菜已成为当地优势产业，当地也成为全国三大冷凉蔬菜基地之一。每年种植甘蓝等蔬菜 60 万亩以上，远销全国 20 多个省区市，出口俄罗斯等国家。当地农民每亩纯增收入 1000 元以上。

方智远成长于农村，更能体会农民的辛劳，深知“人误田一时，田误人一年”的道理。在他的办公室，衣架上常年挂着一顶草帽、一件雨衣，是随时准备下地用的。“要让农民得到实惠，种子不应该卖得太贵。”这是方智远经常挂在嘴边的一句话。“搞育种的关键是看你的品种怎么样，受不受农民欢迎，能推广多大面积，能为农村为产业发展做多少贡献。”

方智远注重对年轻后学的培养，先后培养出刘玉梅、杨丽梅等一大批优秀科学家。1995 年，方智远获何梁何利基金科学与技术进步奖，他将 10 万港元奖金全部捐献给研究所作为科技奖励基金。多年来，方智远与北京农科院等兄弟单位团结协作，协同攻关，攻克了“自交不亲和系选育技术”“雄性不育育种技术体系”等一个又一个难关。

稻田守望者——水稻育种家谢华安

谢华安，1941 年 8 月出生，福建龙岩人。他是福建省农业科学院研究员，中国科学院院士、植物遗传育种学家。荣获国家有突出贡献的中青年专家、全国首届优秀科技工作者、全国杰出专业技术人才等称号。

50 多年来，谢华安一直从事杂交水稻育种研究，育成我国杂交水稻亲本遗传贡献最大的恢复系“明恢 63”；主持育成中国稻作史上种植面积最大的水稻良种“汕优 63”及系列杂交水稻品种 50 多个，累计推广 14 多亿亩。育成 6 个农业农村部确认的超级稻品种，“Ⅱ优航 1 号”创造百亩再生稻单产世界纪录。曾获国家科技进步一等奖、二等奖各 1 项、福建省科技进步奖一等奖 7 项、福建省科技突出贡献奖、陈嘉庚农业科学奖等奖项。

水稻育种占据了他大半个人生

黝黑的皮肤、浓重的方言、朴实的衣着、炽热的心肠、渊博的知识，在他身上，中国科学院院士与农民两个角色完美融合。

谢华安生于闽西山村的一个贫困农家，小时候遭受过饥饿困扰，留下深刻的记忆，因而有了一个“让所有中国人吃饱饭”的梦想。他常说，中国人不仅要吃饱，还要吃好，吃出健康。科学梦想与使命感，激励着他在天涯海角的稻田里艰难跋涉。

1959年8月，谢华安毕业于福建省龙岩农业学校。1972年调到三明市农科所，开始了他的杂交水稻育种生涯。他选育出的杂交水稻品种“汕优63”，曾连续16年居全国杂交水稻推广面积之首。他育出的水稻品种，对中国杂交水稻的更新换代具有里程碑意义，对解决粮食安全做出了重大贡献。

20世纪70年代的海南，杂交水稻育种条件艰苦，只能借住当地农民家中。每天带着干粮和开水下田，还得经受蚂蟥、蚊子和毒蛇的困扰。为了育出一个好品种，谢华安有时在海南一待就是大半年。常年早出晚归，生活无规律，落下了严重的胃病和风湿关节炎的病根。他是全国人大代表，每年3月是南繁育种佳期，人大会议一结束，他没有时间回家看望家人，就直奔海南三亚，直到4月底才能回到三明与家人团聚。

为了水稻育种，谢华安有7个春节是独自在海南度过的。他爱妻子和孩子，爱所有的家人，但他没有时间顾及家庭。孩子出生时他不在妻子身边，哺育孩子、扶养老人的责任全都落在妻子一个身上。80高龄的老父卧病在床，他没时间在跟前侍候，直至父亲病逝，他仍在为水稻育种科研奔忙。因为他肩负着让所有中国人能吃饱饭的使命。

2007年，他当选中国科学院院士。他始终关注国家中长期粮食安全的科技对策，创制航天育种新法，促成全省杂交稻优异亲本交流。

为了缩短育种周期，他与时间赛跑，利用福建不同海拔和四季如春的海南岛，开展杂交水稻的穿梭育种。两年的育种研究相当于福建本地3年的工作，海南三亚成了他第二个家。

他70高龄仍然坚持下田，在超级稻、再生稻、优质稻领域潜心探索，形成节本高效的稻作制度。

与袁隆平先生的科研协作

20世纪60年代，袁隆平开始杂交水稻育种研究。与异花授粉作物不同，水稻雌雄同花、自花授粉，要开展杂交育种，难度非常大。20世纪70年代，袁隆平团队在海南岛发现一株野生雄性不育单株——“野败”，找到了三系法杂交水稻育种的“密钥”。通过全国大协作，这场“绿色革命”犹如星星之火在全国燎原。在谢华安看来，袁隆平带领全国大协作，推动了杂种优势在水稻生产上的应用，为中国人端牢自己的饭碗夯实了坚实的基础。他表示，袁隆平的基础研究成果与无私分享的育种材料，为全国各地水稻育种事业提供了源头活水，“创造了科学研究历史上的协作典范”。

在三系法杂交水稻育种研究之初，福建省农科院水稻雄性不育利用研究协作组育成的“V41A”具有开花习性良好、不育性能稳定、繁殖制种方便等优点，成为生产上广泛利用的不育系，在省内以及湖南、江西、安徽等省份大面积引用。“V41A”的育种材料，是1971年冬从湖南引进的，来源自袁隆平的研究成果。

20世纪80年代，高湿高热的福建是稻瘟病高发区，三明、南平等水稻主产区大规模受灾。“一丘田，三只鸡都吃不饱。”正是在这场大协作中，谢华安团队选育出具有优良抗稻瘟病基因型且丰产广适的杂交稻新品种——“汕优63”。

1981年，谢华安将“汕优63”三重复对比试验报告，带到全国行业会议上，请袁隆平审阅指导。袁隆平耐心地翻阅报告、听取汇报后，当即表态，“汕优63”要参加第二年的全国南方稻区杂交稻区域试验。得到前辈的肯定和支持，谢华安倍感振奋。果然，“汕优63”不负众望，在区试中表现优异，推广后凭借强

▲谢华安与袁隆平在一起

大的杂种优势，成为全国主要稻区争相种植的品种。

1986 年，全国杂交水稻顾问组专家会议在福建召开。袁隆平见到谢华安的第一句话就是：“老谢，你的‘汕优 63’已经是全国播种面积最大的水稻品种了，祝贺你！”多年后，这句鼓励言犹在耳，谢华安坦言当时有种“受宠若惊”的感觉。

此后，“汕优 63”长盛不衰，连续 16 年保持全国杂交稻种植面积之最，累计推广近 10 亿亩。其中 1991 年就推广近亿亩，在世界稻作史上实属罕见。福建水稻育种也屡创佳绩，在超级稻育种、两系稻育种、超级再生稻育种和高产栽培等方面，走在全国前列。

致力攻关水稻产业的“芯片”

随着中国航天技术的进步，育种工作也可以“靠天”吃饭，把种子送上太空再回收选育。这样可以大大缩短育种周期，提高育种效率。

2002 年，谢华安主持育成的太空稻“Ⅱ优航 1 号”亩产创下高产纪录，同时还创下世界再生稻最高产纪录。可以说，水稻育种之路越走越宽。

粮食安全的基础在种业。优良品种是农业的“芯片”，对水稻产业来说，广大科研人员的主要任务就是打造高产优质的水稻“中国芯”。在谢华安看来，打造的优质水稻新品种不但要能够规避风险，而且还要能适应栽培环境，实现产量、质量、效益的统一。

谢华安认为，要以农业生产需求为导向，把水稻品种的“丰产性、优质性、抗逆性、广适应性”综合在更高水平上，才能从源头上保障种源自主可控。

“优良的种子对促进农业发展作用巨大。”谢华安强调，一粒种子，关系着中国人的饭碗安全。如果我国种业不能及时补上研发短板，那么“菜篮子”“米袋子”就可能受制于人。我们一定要做好种质资源保护与发掘利用，做好育种技术储备，培育出具有中国人自主知识产权的优良品种，打好种业“翻身仗”。

中国的育种工作任重道远，要走的路还很长。谢华安坚定地表示：期待与广大农业科技工作者一起，以“不负时代召唤，不负人民期待”鞭策自己，不断为国家粮食安全贡献力量。

促成我国杂交水稻更新换代

在从事水稻育种科研的几十年中，谢华安研究成功的一个又一个科技成果，促进了我国杂交水稻的更新换代。

1980 年，谢华安率领科研团队育成杂交水稻恢复系“明恢 63”，为我国杂交水稻更新换代奠定了基础。1981 年，他的科研团队育成杂交水稻良种“汕优 63”，从 1986 年起连续 16 年位居全国杂交水稻播种面积首位，累计推广 12.5 亿亩，增产粮食 700 亿公斤，增值 700 亿元，为中国人民告别饥饿，为人类的种子工程和粮食工程做出了卓越贡献。同时，“汕优 63”被东南亚一些国家大面积引种，增产增效显著，被誉为“东方神稻”。1988 年，“汕优 63”获国家科技进步一等奖。

经过几十年对水稻育种的痴迷探索，谢华安的科研取得了辉煌成果。其中“Ⅱ优明 86”杂交稻亩产达 1200 公斤，打破世界水稻单产纪录，创造了再生稻的超高产水平。但他并不满足现有的成绩，而是不断攻关创新，不仅成功培育出超级稻、航天育种水稻，还专注于耐贮存水稻品种的研究。

谢华安率领团队利用航天诱变技术育成的“航 1 号”所配制的超级杂交稻组合，具有超高产潜力。“Ⅱ优航 1 号”于 2004 年在福建尤溪县创造百亩片平均亩产 928 公斤的纪录。“Ⅱ优明 86”“Ⅱ优航 1 号”“特优航 1 号”被农业农村部列为超级稻品种，创下了中国航天育种水稻问世以来的最高纪录。

2005 年至 2011 年，由他主持研究的超级稻、再生稻和航天水稻，有 5 项成果相继获得福建省科技成果一等奖。2011 年 9 月，他的研究团队育成“宜优673”，在云南永胜县期纳镇文凤村百亩示范片验收亩产1008.5公斤，2012年2月被农业农村部列入超级稻新品种向全国推广。

他关心农民，多次在福建农技远程培训讲堂，向全省1.5万个村讲授水稻种植技术，并帮助中央苏区宁化县建成10万亩“河龙贡米”示范基地，助力增产增收。他常对人说，我们这样一个有着十几亿人的大国，粮食安全是头等大事，我们水稻育种人，就要有一种使命感和责任感，为了国家，做一个矢志不渝的奋斗者。

谢华安谨记父辈的厚望，他常说，父辈给他起名“华安”，就是希望中华民族长治久安。“粮食安则中华安”，大爱胸襟、和谐境界，让他用平凡而赤诚之心书写出精彩人生！

玉米育种家程相文

程相文，1936年11月生，研究员，河南郑州人，河南省鹤壁市农科院名誉院长，中国共产党第十八次全国代表大会代表。国家有突出贡献专家，获全国“五一劳动奖章”以及河南省道德模范、廉洁勤政干部等荣誉称号。取得47项科技成果。引进和选育了39个玉米新品种，推广种植面积超过1亿亩。培育出的“浚单20”玉米新品种，2004年被农业农村部确定为全国玉米主导品种推广种植，成为黄淮海夏玉米区种植面积第一、全国种植面积第二的大品种。2014年5月，“中国种业十大功勋人物”推评活动在京揭晓，程相文与袁隆平、李振声等10人获得改革开放以来“中国种业十大功勋人物”殊荣。

南繁北育，为全国百姓增收而努力

1963年，程相文在中牟农专（现河南农业职业学院）毕业后，到条件艰苦的农业大县浚县从事农业技术推广与研究工作，开始从事玉米新品种选育和高产栽培技术研究。1964年冬，为了缩短玉米新品种的选育周期，加快育种进程，他扛着50多斤玉米种子独自一人远赴海南，在三亚崖城一个小山村租了8亩地，靠人拉肩扛开辟了四块试验田。一年后，他从海南带回自己培育的第一批玉米种子。经过种植，亩产从100多斤一下子提高到五六百斤。1977年，主持浚县农科所全面工作。到2004年，除了“文革”时期不能正常开展工作外，他在海南岛度过了34个春节，在这漫长的34

年中，他有一半时间是在海南的玉米地里度过的。在海南育种期间，他克服了常人难以忍受的孤独、寂寞、饥饿、炎热、蚊虫叮咬，坚持玉米新品种的选育事业。

程相文曾先后为海南当地引进、推广玉米新品种 34 个，选育出浚单五、浚单六、浚单七、豫玉 10、国审豫玉 11、豫玉 16 等玉米新品种。继 1993—1995 年连续三年通过国家和省级审定 3 个玉米品种之后，近几年选育的高产优质浚单 18，经 1998—2001 年参加河南省和国家玉米区域试验，连续四年产量第一位。2002 年 3 月相继通过河南、河北两省审定，2003 年 1 月又通过国家审定，被列为国家玉米重点示范新品种和国家农业科技成果转化资金项目。选育的浚 98-3，在河南省玉米区试中连续两年产量第一，2002 年 3 月通过了河南省品种审定；选育的浚 97-1，在 2000 年国家预试中，比对照种增产 22.29%，居第二位；2001 年在国家区试中，比对照种增产 10.95%，居第一位；2002 年续参加国家区试，比对照种增产 7.41%，仍居第一位；2002 年在国家生产示范试验中，比对照种增产 10.73%，又居第一位。2003 年先后通过河南、河北两省和国家审定，被列为国家玉米重点示范新品种。2003 年又有 3 个新品种参加国家试验，5 个品种分别参加河南省三个组的试验。玉米育种水平居全省领先、国内先进地位，受到省内外有关专家的高度重视。

五十年如一日，程相文抱着“一粒种子可以改变一个世界，一个品种可以造福一个民族”的坚定信念，痴心攻关，南繁北育，为实现粮食增产、农民增收做出了重要贡献。

为农民育种，成为家里的“编外成员”

为了给当地选育出优良品种，程相文把全部心血都倾注到工作上，个人私事在他心里占有很少位置。人们说他是家里的“编外成员”。

自参加工作以后，他的父母病重、爱人生孩子，他都没去陪伴、侍奉，只是寄点钱，安排家里人代己照顾。他的父母病故，程相文没能在床前照料一天，却为农民培育出一个又一个优良品种。他把更深的情、更大的爱奉献给了他所深爱的玉米育种事业。他常说："尽忠不能尽孝，自古难两全。"

1995年，他爱人生病瘫痪，家人和同志们都劝他在家陪妻子过个春节，但心系玉米育种事业的程相文还是只身一人在海南岛玉米地里度过了这年的春节。程相文把大半生的情和爱，都无怨无悔地洒在海南这块热土上。当地人由亲切地叫他"小程"一直到"老程"，他也由风华正茂的小伙子，变成了鬓发染霜的老翁。当年他驻地的一棵榕树苗，如今已成参天大树。程相文怀着对事业的追求，和对海南的深深眷恋，每年仍到海南艰苦育种，他说："我要在有生之年，再为农民多培育出几个好品种来！"

为了育种，他有48个春节是在海南玉米田间度过的。1969年冬，由于在海南买不到化肥，他找来一副挑担，到3千米外的一家医院挑粪。三四十公斤重的担子，每天往返十来趟。到第四天，肩膀磨出了血，脚底打起了血泡。由于过度劳累，一头跌进一米多深的粪便池里。但他又坚持了3天，直到给8亩玉米种苗都施上了肥。父母去世时，他没能见上最后一面；妻子生病时他没能照顾，妻子去世时他出差在外；3个孩子更是很少有时间和他待在一起。

淡泊名利，扎根基层做科研

程相文经常说："老想着自己，将一事无成。"他是这样说的，也是这样做的。他淡泊明志、宁静致远，面对一次次升迁、调回大城市的机会，他都丝毫不动心，甘愿在基层过清贫生活。

从1963年毕业，他在浚县一干就是40多年。当初和他一起分配到豫北工作的几个同学，都相继调动了工作，有的进了城市的科研单位，有的当了行政领导，有的回到自己的家乡。程相文仍然扎根在浚县，他对浚县这块土地情有独钟，他对浚县人民一往情深。40 多年来，他牢记一个字：干！他不是为了名利去干事，他不要名、不要利，不要官、只为民，保持着谦虚谨慎、戒骄戒躁的作风。

▲程相文（右一）为农民讲解玉米知识

1984 年，省有关科研单位想调他，征求他的意见，他谢绝了；1988 年上级组织部门决定任命他为市里一个科研单位的副处级领导，被他辞掉了。他 1988 年晋升为副研究员，后来，上级组织和业务部门考虑到他取得的科研成果和技术水平，认为完全符合申报研究员的条件，分配专项指标，通知他申报。当时他正在海南育种，就写信给领导说："党和人民给我的荣誉够多了，待遇够高了，我个人认为眼下条件不够，等再育出两个玉米良种，我再申报。那样，我心里踏实些。"结果，他把晋升高级职称的指标让给了外单位的一名老同志。

不懈努力，换来硕果累累

辛勤的劳动和汗水，最终换来了科研事业的累累硕果。

程相文带领职工白手起家、艰苦创业，以昂扬的斗志带领团队，把当初一名技术员、一枚公章、半间房的浚县农科所，发展到资产上千万、“育、繁、销”一体化、拥有近百人科研团队的市级农科院，连续两届被省委、省政府命名为省级文明单位。

在育种过程中，程相文对每粒种子都严格把关，每道程序都严格操作，不允许出现一点儿差错。他先后选育出浚单 5 号、浚单 18 号、浚单 20 号、浚单 29 号等 39 个玉米新品种，荣获科技成果奖 49 项。其中，“玉米单交种浚单 20 选育及配套技术研究与应用”项目荣获 2011 年度国家科技进步一等奖。他承担的 15 亩国家级玉米高产攻关试验田、5000 株玉米，没有一棵缺株、一棵弱株、一棵虫株。他先后主持承担国家“863”计划项目、国家星火计划项目、国家农业成果转化基金项目和河南省万亩粮食高产创建工作，连续创造了夏玉米 5 亩、100 亩、1 万亩、3 万亩、10 万亩国内同面积最高单产纪录。

南方麦王——小麦育种家程顺和

中国工程院院士、著名小麦育种专家程顺和，被誉为“南方麦王”。1939年9月2日出生于江苏溧阳。1962年毕业于南京农学院，先后获评“国家级有突出贡献的中青年专家”，获得首届中华农业科教基金奖，2005年当选为中国工程院院士。2011年，他赴青藏高原开展青稞育种研究，带领团队研发出“藏青320的提纯复壮”产品，圆满完成河谷农区、中间地带农区、高寒干旱半干旱农区育种等项目。

40年如一日蹲点科研一线

在通往里扬州市下河农科所的扬子江北路上，人们总能看到一位学者模样的人：鼻梁上架着一副有机玻璃边框眼镜，背着一只边角已磨损的大号挎包，头上常戴着一顶旧式老人帽，他就是“南方麦王”程顺和院士。正是这位老人培育的小麦，为20世纪末我

▲程顺和在试验基地

国粮食总产达5000亿公斤的战略目标发挥了重要作用。

1962年大学毕业后，程顺和分配到泰兴稻麦良种场。就在这个小小的良种场子里，他开始用大学里所学到的知识研制小麦育种和稻麦良种繁育。

经过数十年的反复实践，程顺和总结出“田间选种时以看熟相为主的‘三看’表型选择方法”。前期看长势，后期看熟相，考种看籽粒的“三看”理论，成为全国同行专家用之有效的育种方法。

半个世纪以来，程顺和一直在科研第一线从事小麦遗传改良工作。年过八旬的程顺和院士，仍在一线从事小麦遗传改良工作。他不但正常上班，每天还要加班。程顺和说，他最大的欣慰就是看到优秀的小麦品种得到推广，让同样的土地生产出更多的粮食。

为青稞育种奔赴青藏高原

从沿海大都市到高寒青藏高原，对于一名中国工程院院士、一名古稀老人来说，不是一个容易的选择。程顺和常说：“人来到世上走一圈，总要留下点儿什么。这一件事干好了，我的一生就值当了。”

青稞作为西藏最主要的农作物，其增产丰收对于西藏的粮食安全具有举足轻重的作用。2011年10月，拉萨市正式启动“苏拉合作开展青稞育种项目”，组建农业科技青稞育种攻关项目组，开展青稞和小麦品种新品种选育及提纯复壮、引种筛选工作。

当了解到雪域高原还有不少群众温饱问题仍未解决，如果青稞育种成功，将解决居住在雪域高原80多万农牧民的生活保障时，程顺和毫不犹豫做出了奔赴拉萨研究青稞育种的决定。

3年来，程顺和带领科研团队开展育种试验，“穗行圃提纯复壮”项目的实施取得新突破，研发出“藏青320的提纯复壮”产品。河谷农区、中间地带农区、高寒干旱半干旱农区育种项目圆满完成，极大丰富了西藏“青稞”育种种质资源。

为给雪域高原留下一只用不走的“工作队”，程顺和发挥传帮带作用，通过培训交流、合作研究等形式提升拉萨农业科研人员水平，成立了拉萨市第一个青稞育种人才基地；有青稞育种、测土配方、作物区室三支团队。

目前，拉萨青稞育种人才培养基地拥有 1 名中国工程院院士、2 名国务院特殊津贴专家、4 名正副研究员、6 名中级专业技术人员，构建起了人才发展的“小高地”，为拉萨市青稞增产奠定了坚实基础。

为农牧民增产乐在其中

2011 年年底，拉萨市启动的青稞育种合作项目以市农业技术推广总站为依托单位，以青稞育种人才基地和院士工作室、享受国务院特殊津贴专家工作室为平台，经过两年的研究攻关，青稞育种合作项目取得了阶段性成果。

青稞小麦育种试验田约有 30 多亩，相当于 3 个标准足球场。这块试验田与位于拉萨市农业技术推广总站西侧的青稞育种温室，种下的是拉萨市乃至西藏自治区的青稞增产丰收的希望。

程顺和院士关注前沿科学，加大科研攻关力度，在良种选育、种性加工、土肥技术、示范试种、种植技术等方面不断推出适应拉萨的新产品、新成果、新技术；引进品种资源 2000 余份，通过辐照诱变和系统选择选育获得苗头品系 5 个，建立了玻璃温室加快育种进程。程顺和说：“精选的 40 份综合家世性状突出的青稞、小麦种子有望明年搭乘神舟飞船进行太空育种实验。”

70 多岁时，有人对程顺和说，何必冒着高原缺氧的生命危险去西藏？程顺和回答：“青藏高原确实很艰苦，但能为几十万农牧民群众解决农业发展问题，为社会做出贡献，我乐在其中。”

将杂交油菜送上太空的油菜大王沈昌健

沈昌健，全国人大代表、湖南省常德市临澧县四新岗镇白云村农民。

杂交油菜是怎样诞生的

说起杂交油菜的诞生，要追溯到 1978 年 7 月的一天。沈昌健的父亲沈克泉因养蜂赶花在贵州深山里发现了 3 株不同寻常的野生油菜。湖南的油菜 5 月就已收割，而眼前这 3 株竟还在开花，不仅植株壮硕，分枝还特别多。沈克泉如获至宝，立即带回家乡种植。这次沈克泉在贵州与野生油菜的巧遇，催生了一家人改良培育产量高的杂交油菜新品种来解决乡亲们“吃油难”的梦想。

2009 年，沈克泉去世，儿子沈昌健继承父亲遗志，带领全家继续干。

“沈杂油 1 号”油菜新品种的选育要求非常严格，要在培育的众多油菜新品种中进行淘汰、择优、筛选。有时一个育种材料要经过几代的培育、复壮、提纯，不能有一点儿马虎。沈昌健一家人为了把这颗“金种子”培育出来，一年四季几乎没日没夜在油菜地里，顶着烈日授粉，冒雨搭隔离棚，对每株油菜上的几十个分枝一个个地分开脱粒……说起培育油菜种子的难度，沈昌健的爱人朱春贵这样形容：“搞杂交油菜科研，好比唐僧去西天取经，经过九九八十一难，都不见得成功。每一道难关都有失败、夭折的可能。”

全国首例，杂交油菜种子有了身份证

沈昌健和父亲数十年如一日研究培育杂交油菜品种，被称为农民科学家。他们培育的油菜高产增收品种“沈杂油1号”，2020年6月通过农业农村部备案登记，获得“非主要农作物品种登记证书”。这个中国首个由农民培育的杂交油菜新品种，从此有了“身份证”。这意味着沈昌健和父亲沈克泉两代人矢志不渝追求的油菜科研梦想，历经40多年的努力，终于成为现实。

“沈杂油1号”产量高、品质好、增产优势明显，是杂交油菜品种中的佼佼者，试验亩产最高达235.5公斤。同时，该品种抗倒伏，适宜机播机收；产出的菜籽油具有低芥酸、低硫代葡萄糖苷（简称硫苷）等特点。“沈杂油1号”生产的富硒菜籽油可以和加拿大橄榄油媲美，堪称杂交油菜中的“金种子”。

▲沈昌健与妻子在油菜基地

将杂交油菜送上太空

除了人大代表、农民科学家，沈昌健还有一个广为人知的称号：“油菜大王”。

2007 年 3 月，首届国际油菜大会在湖北武汉召开。沈昌健和父亲租用一辆小货车，将自己培育的两株 1.8 米高、花冠两人合围才能抱住的巨型杂交油菜送往武汉。700 多位国际顶级油菜专家被小货车上的巨型油菜惊住了。来自法国、德国等国的专家仔细观察后，惊呼道："中国农民真棒，我们第一次看见这么巨大的油菜！" 在场的两位中国专家表示："这两株不育株种质材料优良，是三系杂交难得的好材料。" 10 年后的 2016 年 10 月 17 日，在我国西昌卫星发射中心，"神舟十一号" 飞船载着 43.8 克 16XM864 油菜新品种，也载着沈昌健的心血和梦想，直飞太空。从此，沈昌健 "油菜大王" 的名号不胫而走。

对于油菜新品种的未来，沈昌健满怀信心。他说："人大代表就是要时刻为民谋福祉，以后还要继续加大科研力度，尽快推动油菜 '金种子' 转化为生产力，为农民增收、农业增效做贡献。"

后 记

种子是粮食安全的关键。习近平总书记一直高度重视种业问题，多次作出重要论述和重大部署，强调要靠中国种子来保障中国粮食安全。全国各省、直辖市、自治区坚持将种业发展作为“三农”工作的牛鼻子，紧紧围绕建设种业强省目标，扛起粮食安全政治责任，抓住种子这个关键要害，全面部署和扎实推进种业振兴各项工作，在种业基础研发与原始创新能力提升等方面作出大量积极探索，育种各领域不断取得新突破，有力推动种业高质量发展。

《大国种子》是一本助推种业高质量发展的通俗性科普读物，读者可从图文并茂的呈现方式中直观地感受大国种子的发展历程。

在本书编写过程中，国家农业农村部、中国种子协会、北京大北农科技集团股份有限公司、全国农展馆等单位给予了大力支持。李伊伦、许如龙、李斌等同志参与本书编写工作，在此一并感谢。

本书参考了中共中央组织部、中国社会科学院、国家农业农村部、中国科学技学协会、中国农业科学院、中国数字科技馆、中国种子协会、中共北京市委组织部等单位编印的资料或出版物；引用了人民日报社、光明日报社、经济日报社相关报道。本书选用照片已办理授权手续并支付版权费用。引用的部分文字已按国家有关规定支付稿酬，未收到稿酬的供稿单位可与编者联系。

由于本书出版时间仓促，难免有差错。欢迎广大读者批评指正，我们将于再版时改正。

作者邮箱：denghuichao326@163.com

编者

2022年7月1日